Genehmigte Lizenzausgabe für
Bechtermünz Verlag im Weltbild Verlag GmbH,
Augsburg 2000

Fotografie:	Foodbildagentur Eising AG
Konzeptionelle Mitarbeit:	Pete A. Eising
Redaktion:	Angelika Schlenk, Monika Mai, Sabine Kamm
Graphische Gestaltung:	Reinhard Neuß
Umschlaggestaltung:	Zero, München
Herstellung:	Herbert Tausend, München
Satz:	Layout & Grafik 1000, München
Lithografie:	RMO, München
Druck/Bindung:	Appl, Wemding

Printed in Germany

ISBN 3-8289-1058-0

VORSPEISEN

Die neue große Schule

Texte und Rezepte von
Monika Kellermann

Fotografiert von
Susi und Pete A. Eising

ZABERT
SANDMANN

Inhalt

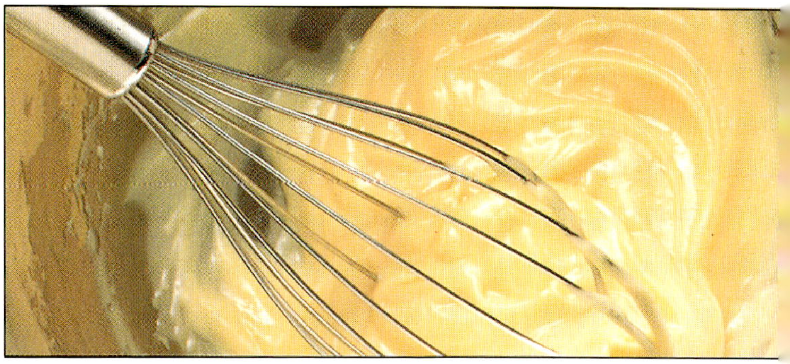

VIELFALT OHNE GRENZEN

Ein Menü ist wie eine Symphonie: Der erste Gang öffnet die Sinne und stimmt ein auf das folgende Crescendo der Genüsse. Den Vorspeisen kommt somit eine ebenso wichtige wie wunderbare Rolle zu: Sie sollen Vorfreude und Appetit anregen.

Viele unserer europäischen Nachbarn können auf eine alte Vorspeisen-Tradition zurückblicken – unsere Küche begnügte sich lange Zeit nur mit Suppen und Salaten. Daher lohnt es sich, in Töpfen und Pfannen anderer Länder zu schnuppern und ihre Appetithäppchen auf unseren Tisch zu holen.

Die meisten der heute auch bei uns beliebten Vorspeisen kommen aus den Ländern rund ums Mittelmeer: aus Italien die vielseitigen Antipasti, aus Frankreich die klassischen Hors-d'œuvre, die feurigen Tapas aus Spanien. Doch Appetitanregendes finden Sie auch in Skandinavien oder im Fernen Osten. Und Sie finden es in diesem Kochbuch – die Auswahl ist riesengroß.

Lassen Sie sich verführen von der Internationale der besten Vorspeisen, vom einfachen Amuse-gueule bis zur raffinierten Pastete, von russischen Blini bis zu mexikanischen Tortillas.

VERFÜHRUNG NACH REZEPT

Doch wer sich an Terrinen, Smørrebrød oder Frühlingsrollen wagen möchte, sollte über die Vorspeisen-Traditionen der einzelnen Länder und die Produkte und Zutaten für ihre Spezialitäten Bescheid wissen. Dieses Buch stellt daher ausführlich alle wichtigen Zutaten vor, gibt Einkaufshilfen und Küchentips.

Im Kapitel Küchentechnik lernen auch Anfänger anhand der bewährten Schritt-für-Schritt-Fotos mühelos, wie man Pastetenteig und Farcen zubereitet oder wie man Gemüse und Obst dekorativ vorbereitet und anrichtet. Dieses Kapitel erklärt wesentliche Kunstgriffe, die Ihnen später beim Kochen die Arbeit erleichtern werden.

Alle Grundrezepte werden mit einer Fotoserie anschaulich erklärt. Varianten sind natürlich immer möglich, eine Fülle von Tips und Vorschlägen erwartet Sie.

Übrigens: Es muß nicht immer ein Menü sein. Viele der internationalen Vorspeisen machen sich auch solo gut: als leichte sommerliche Mahlzeit, als kleiner Imbiß zum Abendessen oder auf dem Büffet für Gäste.

Warenkunde

Lernen Sie all die landestypischen Produkte kennen, aus denen in den klassischen Vorspeisenländern die Leckerbissen zubereitet werden, die wir so lieben!

ITALIEN – ANTIPASTI

Antipasti – das sind die kleinen appetitanregenden Leckerbissen, die auf angenehmste Weise das Warten auf den ersten Gang, die Pasta, verkürzen. Fast immer sind es Kleinigkeiten, die wenig Kochaufwand erfordern und den Magen keinesfalls zu stark strapazieren. Von Nord bis Süd ißt man mit Vorliebe Salami- und Schinkenscheiben, mariniertes Gemüse und natürlich Oliven. Dennoch: Bedingt durch die unterschiedlichen klimatischen Verhältnisse der 2000 km langen Halbinsel gibt es auch bei den Antipasti ganz typische regionale Spezialitäten. So haben an den Küsten Meeresfrüchte den Vorrang, während man im Landesinneren Handfesteres bevorzugt, wie etwa geröstetes Bauernbrot mit Knoblauch oder Lebercreme, kaltes Fleisch mit Thunfischsauce oder gekochte, in Öl eingelegte Bohnenkerne.

Typische Antipasti sind:

Parmaschinken
Eine Spezialität aus der Region Emilia Romagna. Der Original-Parmaschinken wird aus den Keulen speziell gezüchteter Schweine geschnitten und je nach Größe bis zu 15 Monaten in würziger Bergluft getrocknet. Der typische, süßlich-milde Geschmack kommt nur bei hauchdünn geschnitten Scheiben zur Geltung. Ein in der Schwarte eingebranntes Gütesiegel bürgt für Qualität.

San-Daniele-Schinken
Der wohl berühmteste Schinken kommt aus dem Gebiet San Daniele in Friaul. Er wird ähnlich wie der Parmaschinken hergestellt, ist aber etwas magerer und hat ein noch feineres Aroma.

Coppa
Dieser aus Schweinenacken und -filet hergestellte Schinken hat in ganz Italien eine kulinarische Tradition. Er ist etwas saftiger und schmeckt würziger als Parmaschinken. Kenner behaupten, der beste Coppa komme aus der Nähe von Parma.

Salami
Wie viele verschiedene Salamisorten es in Italien gibt, weiß keiner genau. Jede Region hat ihre eigene Spezialität. Köstlich schmecken die mit Fenchel oder Knoblauch gewürzten Salamis aus der Toskana oder Süditalien. Am bekanntesten, auch hier bei uns, dürfte wohl die **Mailänder Salami** sein. Sie unterscheidet sich geschmacklich deutlich von anderen Salamisorten, da sie überwiegend aus magerem, feingehacktem Schweinefleisch hergestellt wird. In große Därme gefüllt, läßt man sie etwa 3 bis 4 Monate abhängen.

Cacciatore
heißen die kleinen, etwa 150 bis 200 g schweren, sehr harten Salamiwürste.

Mortadella
Diese Spezialität aus Bologna, der Hauptstadt der Emilia-Romagna, ist die meistverkaufte und größte Wurst Italiens. Mortadella wird aus Schweinefleisch hergestellt, mit großen Speckwürfeln vermischt und mit reichlich Pfeffer gewürzt. In meist künstliche große Därme gefüllt, gart man sie in speziellen Öfen.

Gemüse und Früchte

Die bedeutendste Rolle spielen natürlich **Tomaten.** Vollreife Tomaten mit Mozzarella, mit kaltgepreßtem Olivenöl, darüber frisches **Basilikum** – das ist nicht nur in Italien eine der beliebtesten Vorspeisen.

Getrocknete Tomaten, mit Kräutern in Öl eingelegt, sind neben marinierten **Artischockenherzen oder -böden** und **gemischtem Gemüse in Öl** schmackhafte Appetitanreger. Jede italienische Hausfrau hat davon für alle Fälle immer etwas im Haus. Mittlerweile gibt es all diese feinen marinierten Gemüse auch bei uns in Gläsern zu kaufen.

Wenn gekochte weiße Bohnen als Antipasti angeboten werden, sind es fast immer die kleinen, länglichen **Cannellini-Bohnen,** die eine sehr dünne Schale haben und sehr weich kochen. Es gibt sie übrigens auch in Dosen.

Frische, vollreife **Feigen** sind neben in Spalten geschnittenen **Zuckermelonen** eine geschätzte Beigabe zu San Daniele- oder Parmaschinken.

Käse

Mozzarella ist eine der wenigen Käsesorten, die nicht als Abschluß, sondern hauptsächlich vor dem Essen serviert wird. Der ursprünglich aus Kampanien stammende Käse, traditionell nur aus Büffelmilch hergestellt, wird heute leider nicht selten aus einer Mischung aus Kuh- und Büffelmilch produziert. Billigsorten werden aus Kuhmilch zubereitet, die man mit Büffelmilchbakterien impft.

Essig und Öl

Olivenöl ist im gesamten Mittelmeerraum die wichtigste Zutat. Es verleiht jedem Gericht erst den richtigen Pfiff. Geschmacklich gibt es nicht nur zwischen den einzelnen Ländern, sondern auch regional große Unterschiede. Ähnlich wie beim Wein kommt es auf die Lage und die sorgfältige Pflege der Oliven an. Italienische Olivenöle von bester Qualität haben einen ausgesprochen feinen, milden Geschmack. Für alle mit Öl beträufelten Vorspeisen unbedingt kaltgepreßtes Olivenöl, »extra vergine«, verwenden.

Aceto Balsamico ist kein Essig im üblichen Sinne, es ist eher eine aromatische Würze. Hergestellt wird dieses original italienische Produkt in der Gegend um Modena. Die Qualität des verwendeten Weißweines, die Holzart und die Größe des Fasses sowie die Jahre, die der Essig darin verbringt, sind für die Güte des Endprodukts verantwortlich. Je älter der Aceto, um so milder und süßlicher wird der Geschmack und um so höher der Preis. Die teuersten Sorten, die man wirklich nur tröpfchenweise verwendet, sind bis zu 100 Jahre alt.

Natürlich gibt es außer den hier beschriebenen noch viele, viele andere Produkte, die als Antipasti gegessen werden. Keinesfalls fehlen dürfen aber Weißbrot und die knusprigen Grissini!

FRANKREICH – HORS-D´ŒUVRE

Das Land mit der kultiviertesten Vorspeisen-Tradition ist sicherlich Frankreich.
Zu verdanken haben die Franzosen diese »grande cuisine« aber einer Italienerin, der Feinschmeckerin Katharina von Medici. Als sie 1533 den französischen Thronerben und späteren König Heinrich II. heiratete, brachte sie die besten Köche aus ihrer Heimat mit, damit ihr verwöhnter Gaumen nicht mit der damals ziemlich einfallslosen französischen Küche vorlieb nehmen mußte. Frankreichs kulinarische Karriere begann. Pasteten, bis dahin Arme-Leute-Essen, wurden auf einmal delikat verfeinert, und bis heute sind Pâtés und Terrinen des Franzosen liebste Vorspeise. Jedes noch so kleine Restaurant und jede Familie besitzt meist mehr als nur ein gutes Hausrezept. Daneben sind saftige Quiches, frische Meeresfrüchte, feingewürzte Gourmetsalate oder gekochte Gemüse mit cremigen Saucen überaus geschätzte Hors-d'œuvre.

Hier eine kleine Auswahl der klassischen Produkte:

Languste
Die Languste ist ein mit dem Hummer verwandter Seekrebs ohne Scheren. Da sie immer seltener wird, ist der Preis sehr hoch. Am besten schmecken Langusten mit einem Gewicht von bis zu 800 g.

Langustine
Dieser dem Kaisergranat sehr ähnliche Seekrebs wird 10 bis 25 cm lang und hat ein sehr zartes, saftiges Fleisch. Langustinen werden kurz gekocht, gebraten oder fritiert.

Schnecke
Vor allem in Burgund und im Elsaß sind Weinbergschnecken – mit Schneckenbutter verschlossen und im Ofen gebacken – die traditionelle Vorspeise. Früher wurden sie in den Weinbergen gesammelt und waren ein wichtiges Nahrungsmittel in Weinbauregionen. Heute sind sie eine Delikatesse, die überwiegend in speziellen Schneckengärten gezüchtet wird.

Foie gras
Durch eine besondere, umstrittene Mast wird die Leber der Gänse und auch Enten sehr groß und fettreich. Gänsestopfleber, zusammen mit frischen Trüffeln zu einer köstlichen Terrine verarbeitet, dürfte wohl die edelste und kostspieligste aller Vorspeisen sein.

Jakobsmuschel
Die große Meeresmuschel, auch bei uns unter ihrer französischen Bezeichnung Coquille Saint-Jacques bekannt, hat eine auffallend schöne Schale mit strahlenförmigen Rippen.
Von November bis März gibt es die etwa 8 bis 15 cm große Muschel frisch, sonst tiefgekühlt. Das weiße, feste Muschelfleisch (Nuß) ist vom rötlichen, eßbaren Rogen, Corail genannt, eingerahmt. Jakobsmuscheln sind roh mariniert, gedünstet oder überbacken eine wohlschmeckende, aber teure Köstlichkeit.

Auster
Diese Meeresmuschel mit dicker, schuppiger Schale wird vorwiegend in Austernparks gezüchtet und nach ihrer Herkunft benannt. Zum Beispiel: Belons, Dives, Marennes oder Austern von Auray, Cancale und Arcachon. Austern werden 4 bis 10 cm groß und wiegen zwischen 45 und 120 g. Man kann sie zwar kochen oder überbacken, aber der Genießer bevorzugt sie roh, nur mit etwas Zitrone beträufelt.
Pro Person rechnet man 6 bis 12 Stück.

Andouille
Diese französische Kochwurst wird aus Kalbsgekröse, Schweinebauch und -magen hergestellt und kalt aufgeschnitten als Vorspeise gegessen.

Dijonsenf
Aus der Metropole der Senfproduktion, Dijon, kommt ein besonders feinwürziger Senf, der aus nicht entölten, schwarzen oder braunen Senfkörnern gemacht wird. Er ist die unentbehrliche Würze für viele Feinschmeckersalate.

Tapenade
Diese würzig-cremige Sauce aus Anchovisfilets, Kapern, schwarzen Oliven, Olivenöl und Knoblauch, herzhaft gewürzt mit Thymian und Lorbeer, wird heute überwiegend fertig zubereitet in Gläsern angeboten. Sie ist vor allem in der Provence beliebt, wo sie – auf Baguette gestrichen – zum Aperitif gereicht wird.

Artischocken
Obwohl sie im gesamten Mittelmeerraum angebaut werden, schätzt man sie in Frankreich, und hier vor allem in der Bretagne, ganz besonders. Gekocht und die Blätter in aromatische Saucen getaucht, gefüllt, gratiniert, mariniert oder auch roh sind sie *die* Gemüsevorspeise schlechthin.

Natürlich nascht man auch in Frankreich eingelegte **Oliven** zum Aperitif, ein Salade niçoise ist ohne bestes **Olivenöl** nicht vorstellbar, und genau wie in allen anderen Mittelmeerländern spielt **Knoblauch** auch hier, wohldosiert, eine große Rolle.
Eine Spezialität mit ausschließlich französischer Tradition ist allerdings das knusprige **Baguette,** innen mit einer lockeren, großporigen Krume, außen eine goldbraune Kruste! Mehrmals täglich wird es allerorts frisch gebacken, ebenso wie die kleinen, sehr dünnen Weißbrotstangen, genannt »**Flûte**«, die nicht aufgeschnitten, sondern gebrochen werden.

SPANIEN – TAPAS

Spricht man von spanischer Küche, fällt sofort der Begriff »Tapas«, obwohl es sich dabei um kein Gericht handelt. Es ist vielmehr Ausdruck eines bestimmten Lebensstils: Zu Tapas gehören Geselligkeit und unbedingt ein Gläschen Sherry, Wein oder Cava. Die Tapas-Kultur hat ihren Ursprung in Andalusien. Schon im 18. Jahrhundert trank man hier Sherry vorwiegend als Aperitif. Wegen des relativ hohen Alkoholgehalts von etwa 18 Vol. % verlangte man nach einem zarten Magenfüller. Einfallsreiche Gastronomen legten daher eine Scheibe luftgetrockneten Schinken oder Chorizo, auch mal ein Stückchen Käse auf das Sherryglas. »Tapa« heißt »Deckel« – und so entstand dieser Begriff, der heute für eine unendliche Vielfalt spanischer Gaumenkitzler steht.

Eine kleine Auswahl eines Tapas-Büfetts:

Serrano-Schinken

Dieser würzig-aromatische, luftgetrocknete Schinken hat einen völlig eigenständigen Charakter und ist daher geschmacklich mit keinem anderen Schinken zu vergleichen. Man unterscheidet zwei typische Formen: den »Corte-Serrano«, mit dem charakteristischen Schnitt, bei dem die Schwarte in V-Form unterhalb der Pfote abgeschnitten und die Fettschicht weitgehend entfernt wird. Die zweite Art ist der runde »Jamon Redondo«, der völlig mit Schwarte bedeckt ist und bei dem somit auch die darunterliegende Fettschicht erhalten bleibt. Bei dieser Sorte ist die Pfote entfernt. Wie aromatisch die Schinken sind, hängt von der jeweiligen, unbedingt einheimischen Schweinerasse und von der Länge der Reifezeit ab. Schinken von höchster Qualität reift bis zu zwei Jahre. Am besten schmeckt er, wenn er fachmännisch, möglichst lang und dünn, in Richtung der Muskelfaser geschnitten wurde.

Chorizo

Diese typisch spanische Paprikawurst wird aus Schweinefleisch und -speck hergestellt und ziemlich scharf mit Knoblauch und Paprika gewürzt. Regional gibt es optisch wie geschmacklich Unterschiede.

Morcilla

Morcilla ist eine etwas süßlich-würzige Blutwurst aus Schweineblut und -fett, angereichert mit Reis, Brotbröseln oder Maismehl. Regional unterschiedlich fügt man Zwiebeln, Pinienkerne oder Mandeln hinzu und würzt mit Pfeffer und Knoblauch, mit Zimt, Koriander, Nelken, Muskat oder Anis.

Spanischer Käse

Spanien hat keine sehr ausgeprägte Käsetradition. Bekannt sind fast ausschließlich die regionalen Käsesorten, die meist aus Schafsmilch hergestellt werden. Anders als zum Beispiel in Frankreich wird der würzige Käse vorwiegend als Vorspeise zu einem Glas Sherry gegessen.

Der berühmteste spanische Käse ist der **Manchego**. Er wird aus Schafsmilch hergestellt und kommt aus der Region Mancha. Der intensiv-aromatische, leicht scharfe Käse hat eine Reifezeit von mindestens 60 Tagen.

Anchovis
Diese kleinen, schlanken, silbrig schimmernden Sardellen, 9 bis 15 cm lang, liebt man in Spanien fritiert, gebraten und mariniert, aber auch eingelegt in Salz oder Öl als Konserve. Häufig in Verbindung mit den auf der iberischen Halbinsel sehr geschätzten **Kapern.**

Pfahlmuscheln
An der nordspanischen und vor allem der galizischen Küste findet man sie, würzig mariniert, in fast jeder Tapas-Bar.

Wann und wo man in Spanien auch einen Aperitif zu sich nimmt – immer stehen **Salzmandeln** bereit.

Oliven
Wie überall in den südlichen Ländern gehören schwarze und grüne Oliven zum täglichen Leben. Eine besondere spanische Spezialiät sind die vor rund 66 Jahren als Weltneuheit vorgestellten, mit Sardellen gefüllten Oliven. Bevorzugt werden dazu die grünen Manzanilla-Fina-Oliven aus der Region Sevilla verwendet, die wegen ihres exquisiten, nußähnlichen Geschmacks auch ohne Füllung berühmt sind.

Olivenöl
Allein die Tatsache, daß 10 Prozent der Anbaufläche in Spanien mit Oliven für die Ölgewinnung bepflanzt sind, zeigt die Wichtigkeit dieses Produkts. Die Qualität hängt natürlich wie überall von der Sorte, der Lage, der sorgfältigen Pflege und nicht zuletzt von der schonenden Pressung ab.
Von besonders guter Qualität ist das gold- bis grüngelbe Öl aus dem Gebiet um Córdoba. Es hat einen intensiv fruchtigen, leicht süßlichen Geschmack.

Sherry-Essig
Es liegt nahe, daß der köstliche Sherry aus Jerez auch eine gute Basis für einen aromatischen Essig abgibt.

All das ist nur eine kleine Auswahl dessen, was in einer der unzähligen kleinen und großen Tapas-Bars in Spanien zu finden ist. Was Augen und Gaumen dort geboten wird, ist von faszinierender Vielfalt.

TÜRKEI – MEZELER

Orientalische Philosophie und die Lehre des islamischen Glaubens beeinflussen auch heute das Leben in der Türkei. Dies spiegelt sich vor allem in der Art des Essens und in der Zubereitungsweise der Speisen wider. Traditionell beginnt eine türkische Mahlzeit mit einer Fülle kleiner Happen, wobei 10 bis 20 derartiger Vorspeisen keine Seltenheit sind. Dabei läßt man sich viel Zeit, plaudert, trinkt Raki oder Wein, und auch nachdem der Hauptgang serviert ist, bleiben die kleinen Appetitanreger auf dem Tisch stehen. Obligatorisch werden die Vorspeisen, ob warm oder kalt, immer in flachen Schalen serviert und reichhaltig garniert.

Typische Zutaten für **Mezeler** sind:

In der Türkei knabbert man gerne vor dem Essen **Pinienkerne,** aber auch **Walnüsse** oder **Sonnenblumenkerne.**

Yufka
Yufkablätter werden aus Nudelteig bereitet, zu hauchdünnen, runden Fladen ausgerollt und vielseitig verwendet, zum Beispiel gefüllt als Börek, Strudel oder zigarrenförmig aufgerollt. Da die Herstellung mühsam ist, gibt es Yufkablätter küchenfertig, in Folie eingeschweißt, im Handel.

Kichererbse
Gekocht als Salat zubereitet, geröstet oder püriert als Creme – diese nahrhafte, aus dem ostasiatischen Raum stammende Hülsenfrucht ist in der Türkei sehr geschätzt.

Weinblätter
Frische junge Blätter müssen kurz blanchiert werden, bevor man sie füllt. Vorwiegend werden allerdings in Salzlake eingelegte Blätter verwendet, die es auch hier überall zu kaufen gibt. Gefüllt sind sie in der Türkei wie in Griechenland als Vorspeise gleichermaßen zu Hause.

Pastirma-Schinken
Das mit einer Gewürzpaste – Cemen genannt – bestrichene Fleisch wird langsam an der Luft getrocknet. Das beste Dörrfleisch soll aus Kayseri kommen.

Getrockneter Fischrogen
Der Fischrogen wird getrocknet, mit Wachs versiegelt und in hauchdünne Scheiben aufgeschnitten serviert.

Lakerda
Diese eingelegten Scheiben kleiner Thunfische sind eine ziemlich teure Vorspeise. Man serviert sie mit Scheiben von roten Zwiebeln und Oliven und beträufelt den Salat mit Orangensaft.

Pide
Frischgebackenes türkisches Fladenbrot darf in der Türkei niemals fehlen. Es wird nicht nur zu den Vorspeisen reichlich davon gegessen, sondern auch zu allen nachfolgenden Gerichten.

Peperoni
Peperoni, mild oder scharf, roh oder in Öl gebraten, stehen, neben schwarzen und grünen **Oliven,** fast immer in einem Schälchen bereit.

GRIECHENLAND – MEZÉDES

Sie haben vieles gemeinsam, die griechische und die türkische Küche, und böse Zungen behaupten sogar, die griechische sei eine schlechte Kopie der türkischen Küche! Sicherlich, das Fingerspitzengefühl im Umgang mit Gewürzen vermißt man häufig, aber dafür wird man durch kritisch ausgesuchte, frischeste Produkte beglückt. Liegt es an der Kraft der Sonne oder an der salzangereicherten Meeresluft, daß hier Tomaten, Gurken, Zwiebeln oder Zitronen so unvergleichlich aromatisch schmecken? Was gibt es also Schöneres als vollreife Tomaten, mit Olivenöl beträufelt, einige Oliven und ein Stückchen Feta – fertig ist eine herrliche Meze, wie sie jeder Griechenland-Urlauber kennt und liebt. Mezédes, dieses zwanglose genießen von Kleinigkeiten, begleitet von einem Gläschen Ouzo, dazu angeregte Gespräche – das spiegelt den Ausdruck griechischer Lebensfreude wider.

Hier einige Produkte, die in Griechenland als Mezédes gereicht werden; manche findet man auch in der Türkei und umgekehrt.

Feta-Käse
Der aus Schafsmilch oder aus einer Mischung aus Schafs-, Ziegen- und Kuhmilch hergestellte Käse reift in Salzlake. Es gibt ihn als Hart- und Weichkäse. In kleine Stücke gebrochen, ist er Bestandteil des griechischen Salats.

Kasséri und Kopanisti
In Griechenland ißt man gerne vor den Mahlzeiten ein Stückchen Käse: neben Feta auch Kasséri, ein Hartkäse, vergleichbar mit dem holländischen Gouda, oder Kopanisti, ein würziger Weichkäse.

Joghurt
Griechischer Joghurt hat einen Mindestfettgehalt von 10 Prozent und ist daher besonders sahnig. Für »Tsatsiki« ist er unentbehrlich.

Kalamare
Die 5 bis 10 cm großen Tintenfische sind am feinsten. Vor der Zubereitung müssen die Augen und besser auch der Tintenbeutel entfernt werden. Sie werden häufig fritiert angeboten.

Oktopus
Von diesem achtbeinigen Meerestier aus der Familie der Tintenfische gibt es mehrere Arten. Für alle gilt: Erst wenn sie 40mal kräftig gegen den Fels geschlagen wurden, ist das schmackhafte Fleisch der Arme zart und genießbar.

Auberginen
Ein Lieblingsgemüse der Griechen, das als feines Püree in fast jedem Restaurant als »meze« angeboten wird. Die Auberginen werden in Griechenland vor der Zubereitung in Scheiben geschnitten und mindestens 30 Minuten in Salzwasser gelegt, um die Bitterstoffe zu entziehen.

Tomaten
Ohne Tomaten ist eine griechische Vorspeisentafel unvorstellbar. Vollreif schmecken sie am besten!

Und natürlich **Oliven,** Oliven, Oliven – griechische selbstverständlich!

ASIEN

Da man in Asien nicht die klassische Menüfolge wie bei uns in Europa kennt, gibt es auch keinen einheitlichen Begriff für Vorspeisen. Dennoch gibt es gerade in diesen Ländern viele kleine, feine Leckerbissen, die man gemeinsam mit den übrigen Gängen eines Menüs auf den Tisch stellt oder als kleinen Happen an fast jeder Straßenecke angeboten bekommt. Gedämpfte oder fritierte, immer wieder anders gefüllte Teigtäschchen – Wan Tans genannt –, ausgebackene Frühlingsrollen, herzhafte Hefebrötchen oder knusprige, süßsaure Schweinerippchen – das sind nur einige der delikaten Snacks aus dem Reich der Mitte.
Die Zubereitung asiatischer Köstlichkeiten ist alles andere als kompliziert: Es genügen frische Produkte, kurze Garzeiten und eine Portion Kreativität! Fast alles, was man für die kleinen Imbisse benötigt, sei es nun knackig-frisches Gemüse, Tofu oder Sojasauce, bekommt man bei uns überall zu kaufen. Lediglich Seetang, verschiedene Saucen und spezielle Gewürze findet man meist nur in asiatischen Spezialgeschäften.

Reis
ist Bestandteil jeder asiatischen Mahlzeit. Für Sushi eignet sich am besten echter japanischer Rundkornreis (Kome), der beim Kochen relativ weich und klebrig wird. Notfalls kann man ihn durch italienischen Rundkornreis ersetzen. Ungeeignet ist Reis, der körnig kocht, z. B. Parboiled Reis.

Getrockneter Seetang
Man unterscheidet zwei Arten: **Konbu** wird hauptsächlich zum Mitkochen in Fischbrühen oder Reis verwendet. Er ist grünbraun bis schwarz und mit einer weißen Schicht überzogen, die vor der Zubereitung vorsichtig abgetupft werden muß.
Nori heißt das bearbeitete Blatt einer weichen Seetangart. Die Blätter werden so lange geröstet, bis sie einen zarten Geschmack bekommen und leicht knusprig werden. Noriblätter benötigt man vor allem für gerollte Sushi.

Tofu
Die aus Sojabohnen hergestellte quarkähnliche Masse ist ein unentbehrlicher Bestandteil der asiatischen Küche. Tofu ist ausgesprochen kalorienarm, eiweißreich und enthält sehr viel Kalzium. Tofu gibt es bei uns frisch oder in Lake eingelegt und vakuumverpackt. Ähnlich wie Quark kann man ihn auf unterschiedlichste Weise zubereiten.

Daikon-Rettich
Die langen, weißen Daikon-Rettiche sind etwas milder als die deutschen weißen Rettiche, jedoch geschmacklich mit ihnen vergleichbar. Daikon-Rettiche sind auch bei uns ganzjährig im Handel, im Herbst und Winter sind sie jedoch am aromatischsten.

Zwiebellauch
In gut geführten Gemüseläden kann man dieses in Asien so beliebte Kraut kaufen. Es erinnert im Aussehen an dicke Schnittlauchröllchen und schmeckt wie milde Zwiebeln.

Frühlingszwiebeln, Zuckerschoten, kleine grüne, dünne **Salatgurken** und **Chinakohl** sind wichtige Gemüsesorten für die fernöstliche Küche, die bei uns in jedem Gemüseladen erhältlich sind.

Bambussprossen
Leider werden die schmackhaften Triebe asiatischer Bambusarten hierzulande nur in Dosen angeboten. Wegen ihres milden Geschmacks harmonieren sie mit vielen Zutaten.

Sojabohnenkeimlinge
Die Sprossen aus Soja- oder Mungobohne gibt es in Gläsern oder Dosen, frisch gekeimt schmecken sie aber wesentlich besser. Sie sind Bestandteil vieler Salate und Füllungen von Frühlingsrollen oder Teigtäschchen.

Shiitake-Pilze
Diese aromatischen Zuchtpilze haben den einheimischen Gemüsemarkt bereits erobert. Lange Zeit gab es diese Pilze, wenn überhaupt, nur getrocknet unter der Bezeichnung »Tongku-Pilze« in Spezialgeschäften. So köstlich die frischen Pilze auch schmecken, aromatischer sind die getrockneten, die man vor der Zubereitung einweichen muß.

Ingwerwurzel
In der Küche Asiens ist die würzig-aromatische Ingwerwurzel Gewürz und Beilage gleichermaßen.

Sesamkörner
Es gibt weiße, schwarze und braune Körner. Sie verfeinern, leicht geröstet und häufig zermahlen, so manches Gericht.

Sojasauce
Eine gute Sojasauce ist ein Naturprodukt aus einer zur Gärung gebrachten Mischung von gekochten Sojabohnen und geröstetem Weizenschrot. Wir unterscheiden drei Grundtypen: eine helle, mild aromatische Sojasauce, hauptsächlich für Gemüse und weißes Fleisch; eine dunkelfarbige Sojasauce mit einem ausgeprägten, kräftigen Geschmack für besonders herzhafte Gerichte und die süßliche Sojasauce, die bevorzugt in der indonesischen Küche verwendet wird.

Außerdem sollten alle, die ihre Liebe für die fernöstliche Küche entdeckt haben, einige Gewürze oder Gewürzsaucen im Hause haben wie:

Wasabi
Den japanischen Meerrettich gibt es frisch, pulverisiert oder auch als Würzpaste. Er hat einen beißend scharfen Geschmack.

Miso
Die halbfeste Paste aus gegorenen Sojabohnen darf vor allem in der japanischen Küche niemals fehlen.

Mirin
Der süße Reiswein mit einem Alkoholgehalt zwischen 13 und 22 Vol. % wird ausschließlich zum Würzen verwendet.

Teriyaki- und **Sukiyaki-Sauce**
basieren auf Sojasauce und sind unentbehrlich für Marinaden oder zum Eintunken kleiner Häppchen.

SKANDINAVIEN – SMØRGÅSBORD

Die Liebe zum »smørgåsbord«, der berühmten schwedischen kalten Küche, teilen alle Skandinavier, auch wenn es überall anders heißt und die Spezialitäten in den einzelnen Ländern ein wenig variieren.
In Dänemark macht man vor allem mittags unweigerlich Bekanntschaft mit »smørrebrød«. Das ist beileibe nicht nur ein Butterbrot – eher die schamhafte Unterlage einer reich garnierten kleinen Mahlzeit. Hering, Räucheraal, Rührei, Roastbeef und natürlich die echt dänische Leberpastete sind nur einige der unzähligen Belagsmöglichkeiten.
Die Schweden lieben es, eine Fülle von schmackhaften Gerichten auf einem Tisch appetitlich anzurichten, um dann immer wieder ein anderes kleines Häppchen nach dem anderen zu probieren. Pikant gefüllte Torten, Hering in allen Variationen, Räucherfische, schwedischer Kaviar, Fleischbällchen, kalter Braten, um nur einige zu nennen, sind dabei besonders geschätzt. Und natürlich wird auch eine Vielfalt verschiedenster Brote dazu angeboten. Weiter im Norden, in Norwegen und Finnland, gibt es die herrlichen kalten Büfetts mit Rentierfleisch, Piroggen, Krabben und Langusten. Fehlen dürfen dabei nie der Graved Lax (gepökelter Lachs) und ab Spätsommer frische Flußkrebse. Und zu all diesen köstlichen skandinavischen Leckerbissen gehört natürlich Aquavit!

Hering
Seit Generationen ist der Hering gerade in den nordischen Ländern ein Volksnahrungsmittel.
Es gibt drei Arten:
Matjes – den jungfräulichen Hering – frisch im Juni,
Vollhering – der Fisch vor dem Laichen, mit Milch und Rogen – ganzjährig,
Ihlen – der Hering nach dem Laichen –, der vor allem für grüne Heringe verwendet wird, ebenfalls ganzjährig.
Es gibt unzählige Möglichkeiten der Zubereitung, z. B. braten, grillen, marinieren, in Gelee einlegen, als Salzhering und nicht zuletzt als Heringssalat.

Lachs
Diese skandinavische Spezialität ist roh als Lachstatar, mild geräuchert oder gepökelt als Graved Lax eine begehrte Vorspeise.

Keta-Kaviar
Wo es viel Lachs gibt, spielt logischerweise auch sein Rogen eine große Rolle. Die orangeroten, relativ großen Kügelchen haben einen feinen Geschmack und sind wesentlich preiswerter als der Rogen verschiedener Störarten.

Garnelen, auch als **Crevettes** oder **Krabben** bekannt, sind kleine Krebstiere, maximal bis zu 6 cm lang, mit zwei langen Fühlern. Das durchsichtige Fleisch wird durch Kochen, meist schon auf dem Krabbenkutter, rötlich. Am besten schmecken sie frisch geschält.

Flußkrebse
In Finnland und Norwegen findet man noch häufig die schwarzen Flußkrebse mit den zwei ungleich großen Scheren, die bis zu 12 cm lang werden und sich beim Kochen feuerrot färben. Das Fleisch hat einen besonders feinen Geschmack, durch zu langes Kochen wird es allerdings trocken und fade. Ideale Kochzeit: ca. 5 bis 7 Minuten.

Räucherfische
Diese seit Urzeiten bekannte Methode der Haltbarmachung hat in den skandinavischen Ländern natürlich eine besondere Bedeutung.
Die bekanntesten Räucherfische sind:
Räucheraal, Sprotte (ein kleiner, fetter Heringsfisch), Bückling (grüner Hering, heiß geräuchert), Schillerlocken (die zarten Bauchlappen des Dornhais) und natürlich Räucherlachs.

Rentier
Eine im nördlichen Skandinavien beheimatete, relativ kleine Hirschart, deren Fleisch besonders mager und sehr schmackhaft ist. Die Keulen sind geräuchert als Schinken begehrt, als absolute Delikatesse gelten die geräucherte Zunge und das Mark der Rentiere.

Leberpastete
Im Unterschied zu anderen Leberpasteten werden die skandinavischen Pasteten mit einer Mehlbindung zubereitet und mit feinpürierten Sardellen gewürzt. Siehe Rezept Seite 97.

APERITIFS

Der Aperitif ist die Ouvertüre zu einem kulinarischen Vergnügen. Aperitif kommt aus dem Lateinischen und heißt »öffnend«. Das Getränk soll also den Magen auf die darauffolgenden Speisen vorbereiten, daher ist eine gewisse Leichtigkeit notwendig. Bereits im 13. Jahrhundert waren im Mittelmeerraum zum Auftakt eines Menüs Süßweine beliebt. So richtig begann die Tradition der Aperitifs, als 1786 der Italiener Antonio Benedetti Carpano einen Wermut auf den Markt brachte, und in Frankreich Henri-Louis Pernod zusammen mit seinem Schwiegervater 1805 die erste Absinthfabrik eröffnete.
Seither gibt es eine schier unüberschaubare Vielzahl unterschiedlichster Aperitifs. Hier die bedeutendsten Arten:

Wermutgetränke sind sicherlich wegen der wohltuenden Wirkung der Kräuter so beliebt. Wermut ist ein aromatisierter Wein, dem die unterschiedlichsten Würzkräuter als Essenz beigefügt werden. Es gibt ihn in verschiedenen Geschmacksrichtungen, von süß über bitter bis hin zu extra dry. Die bekanntesten Marken sind Cinzano, Martini und Punt e mes aus Italien sowie Noilly Prat aus Frankreich.

Unter den **Bitter-Aperitifs,** zu denen u. a. Picon aus Frankreich und der von Artischockengeschmack geprägte Cynar zählen, hat wohl keiner weltweit so Furore gemacht wie Campari. Die harmonische Mischung aus Kräuter-, Frucht- und Wurzelextrakten wirkt appetitanregend, und der niedrige Alkoholgehalt verhindert, daß schon der Aperitif zu Kopf steigt.
Viele Cocktails wurden mit Wermut- und Bittergetränken kreiert. Zwei der berühmtesten sind sicherlich:

Americano
2 cl Campari, 2 cl roter Wermut mit etwas Orangen- und Zitronenschale auf Eiswürfeln serviert.

Negroni
1 cl Gin, 2 cl Campari und 2 cl roten Wermut verrühren und in ein Cocktailglas über Eis gießen. Ein Stückchen Orangenschale hineingeben und mit einem Schuß Soda aufgießen.

In Griechenland, der Türkei und in Frankreich schätzt man die anishaltigen **Pastisgetränke.** Mit mehr oder weniger Wasser verdünnt, trinkt der Grieche seinen Ouzo, der Türke seinen Raki vor den Mahlzeiten. Eine etwas verfeinerte Version, eine destillierte Mischung aus Essenzen von Anis, Fenchel, Süßholz, Minze, Melisse, Koriander, Kamille, Nelken und Zimt – Pastis – genannt, ist der Lieblingsaperitif der Franzosen. Pernod und Ricard sind die verbreitetsten Marken.

In Spanien ist seit Generationen **Sherry** der Aperitif Nummer 1 – bei uns ist er auf dem besten Weg, es zu werden. Sherry ist nicht gleich Sherry: Man unterscheidet mehrere Geschmacksrichtungen, von denen sich folgende als Aperitif und zu Vorspeisen eignen:
Fino ist ein hellgoldener, trockener Wein mit einem Alkoholgehalt von 15 bis 17 Vol.%. Zusammen mit **Manzanilla,** einer besonderen Art des

Finos, die nur in Sanlúcar de Barrameda reift, sind dies ideale Appetitanreger. Beide müssen frisch und gut gekühlt serviert werden. Im Unterschied zu den anderen Sherrysorten sollten diese jungen Sherrys im Kühlschrank aufbewahrt und die angebrochene Flasche innerhalb einer Woche ausgetrunken werden!
Amontillado ist dunkler und aromatischer. Er wird trocken und halbtrocken mit einem Alkoholgehalt von etwa 17,5 Vol. % angeboten.
Oloroso heißt der »Wohlriechende«. Es ist ein kräftiger Sherry mit einem zarten Nußaroma. Der Alkoholgehalt liegt zwischen 18 und 20 Vol. %.

Prickelnde Aperitifs

Champagner ist der nobelste unter den schäumenden Weinen und zudem ein sehr beliebter Aperitif, der vorzüglich mit den meisten Vorspeisen harmoniert.
Gut gekühlt, aber nicht eisgekühlt kommt die zarte Blume am besten zur Geltung. Nur wenn der Wein aus einem genau abgegrenzten Gebiet in der Champagne kommt und nach einem festgelegten Verfahren hergestellt wird, darf sich das Getränk »Champagner« nennen.
Am besten schmeckt er pur, aber er ist auch Basis berühmter Cocktails.
Zum Beispiel:

Kir Royal
Etwa 1 TL Crème de Cassis in ein Champagnerglas geben und mit gut gekühltem Champagner aufgießen.
Beim einfachen **Kir** wird der Cassis mit einem trockenen Weißwein, im Originalrezept mit Aligoté aus Burgund, aufgegossen.

Sekt ist in deutschsprachigen Ländern die allgemeine Bezeichnung für Schaumwein. Die unterschiedlichen Herstellungsverfahren machen sich im Preis bemerkbar. Die beste Methode ist das Flaschengärverfahren (vergleichbar mit der Champagnerherstellung). In vielen Weinbauregionen wurden in den letzten Jahren hervorragende, trockene Winzersekte produziert.

Spumante heißt Sekt auf italienisch. Häufig vermutet man dahinter noch immer süßlich Sprudelndes aus Piemont. Mittlerweile aber kommen gerade aus den Nordregionen Italiens herrlich trockene Spumanti, die zu vielen Vorspeisen passen.
Prosecco, benannt nach der Traube, ist ein Spumante aus einem kleinen Gebiet in Venetien. In Harry's Bar in Venedig wird er für einen berühmten Drink verwendet:

Bellini
Ein weißer geschälter Pfirsich wird püriert, mit etwas Apricot Brandy parfümiert und mit einem trockenen Prosecco oder Spumante aufgegossen.

Cava nennen die Spanier ihren nach dem Champagnerverfahren aus Qualitätswein hergestellten Schaumwein. Gute Qualitäten kommen aus dem Norden des Landes, aus Penedés.

In nördlichen Gefilden, wo die Temperaturen nicht gerade Höhenrekorde erreichen, verträgt man auch zu Vorspeisen schon härtere Getränke. Was wären die russischen Blini und die deftigen Kohlpiroggen ohne **Wodka** oder die üppig belegten Smørrebrøds ohne einen **Aquavit.**

HILFREICHE KÜCHENGERÄTE UND -WERKZEUGE

Vieles, was früher mühevolle Handarbeit war, ist heute dank der elektrischen Alleskönner im Handumdrehen gemacht. Für alle, die gerne kochen, sind einige technische Geräte sicherlich eine große Hilfe.
Wichtig ist, daß die Geräte leicht zu reinigen und einfach in der Handhabung sind.

Ein **Handrührgerät** ist selbst für einen Ein- bis Zwei-Personen-Haushalt kein Luxus. Die Grundausstattung – Quirle und Knethaken – reicht zum Kneten kleinerer Teigmengen und zum Schlagen von Sahne oder cremigen Saucen.

Die Anschaffung einer **Küchenmaschine** lohnt sich für einen Mehrpersonenhaushalt, denn sie verarbeitet auch große Mengen in kurzer Zeit. Die Herstellung von Farcen für Pasteten und Terrinen ist damit wirklich kinderleicht. Zur Standardausstattung einer Küchenmaschine gehören immer Knethaken und Quirle, Schneidescheiben zum Hobeln und Raspeln. Getreidemühle, Zitruspresse, Mixer oder Fleischwolf gibt es häufig als Sonderzubehör.

Viele Saucen werden cremiger, wenn man sie kurz mit einem **Pürierstab** aufschlägt. Auch Mayonnaise gelingt mit diesem praktischen Gerät unproblematisch und in Windeseile.

Fritierte Fische oder Gemüse – diese knusprig-schmackhaften Vorspeisen gelingen am sichersten in einer elektrischen **Friteuse,** die konstant die eingestellte Temperatur beibehält.

Ein **Schlagkessel aus Metall** ist ideal zum Aufschlagen von Saucen über dem Wasserbad.

Meßbecher gibt es in vielen Varianten. Die aus Metall haben den Vorteil, daß man auch heiße Flüssigkeit darin abmessen kann.

Schneebesen zum Schlagen von Eiweiß oder Sahne sollten aus Edelstahl und ziemlich schwer sein, damit sie gut in der Hand liegen. Je dünner die Drähte, um so besser der Effekt, weil mehr Luft in die jeweilige Mischung kommt.

Für das Durchseihen von Fonds eignet sich am besten ein feinmaschiges **Spitzsieb** aus Metall.

Schaumlöffel sind praktisch zum Herausheben von blanchiertem und fritiertem Gargut.

Mit einem **Teigschaber** kann man z. B. Farcen restlos aus einer Schüssel ausschaben und die Oberflächen von Terrinen oder Pasteten glattstreichen.

Backpinsel sind nötig zum Ausfetten von Formen, aber auch zum Glasieren. Weiche Pinsel mit Naturborsten sind zu bevorzugen.

Mit einer **Palette** löst man ausgerollte Teige von der Arbeitsfläche oder streicht Oberflächen glatt.

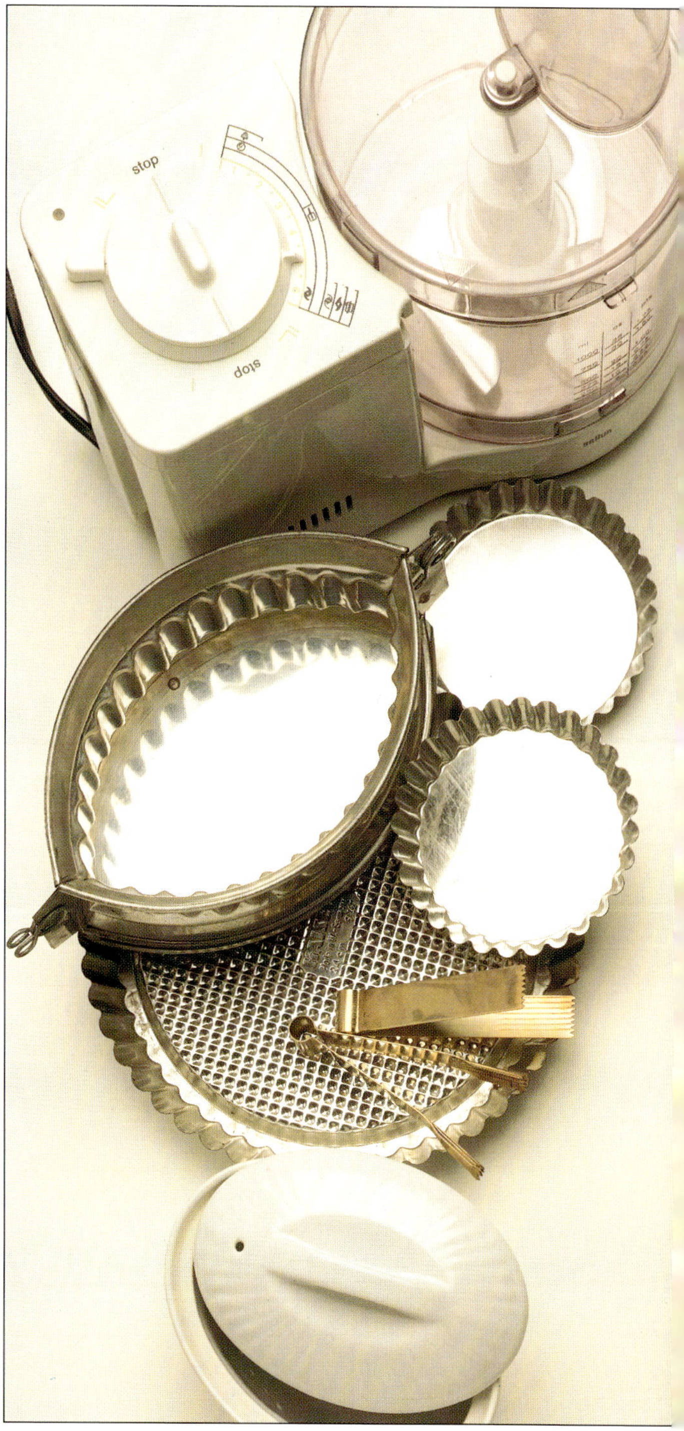

Eine richtige **Pastetenform** ist seitlich zu öffnen. Die gebackene Pastete kann somit problemlos aus der Form gelöst werden.

Terrinenformen sind meistens aus feuerfestem Steingut, rechteckig, rund oder oval geformt und haben häufig einen hübsch verzierten Deckel.

Timbaleförmchen werden mit einem Inhalt von 100 bis 200 ml angeboten. Es gibt sie rund oder oval, aber alle sind leicht konisch, damit sich die Timbales leicht stürzen lassen.

Tarte- oder Torteletttförmchen sollten entweder aus Schwarzblech oder mit einer Antihaftbeschichtung sein, da sich aus diesen Formen das Backgut leichter löst.

Kleine, runde **Ausstecher** mit glattem oder gewelltem Rand benötigt man zum Ausstechen von Kaminen bei Pasteten oder für Garnierungen.

Mit einem **Teigkneifer** bringt man den Teigrand von Pasteten in Form.

Um Vorspeisen hübsch zu garnieren, sind **Eierschneider, Kugelausstecher, Zestenreißer, Tournier-** und **Buntmesser** nützliche Helfer.

Gewaschenen Salat bekommt man mit einer **Salatschleuder** rasch richtig trocken.
Kräuter hackt man mit einem **Wiegemesser** am feinsten.

Eine **Handreibe** zum groben und feinen Raspeln sowie zum Hobeln ist auch dann notwendig, wenn man eine Küchenmaschine besitzt, da es sich für kleine Mengen häufig nicht lohnt, die Maschine zu betätigen.

Für die Zubereitung von Sushi ist die Anschaffung einer **Bastrolle** sinnvoll.

Wer sich dann und wann den Luxus eines frischen Trüffels leistet, sollte einen speziellen **Trüffelhobel** mit verstellbarer Klinge im Haus haben.

Abkürzungen für Maßangaben:

l, ltr	Liter
ml	Milliliter
kg	Kilogramm
g	Gramm

1000 g = 1 kg = 1 l
1 g = 1 ml = 1 ccm

Prise = die Menge, die Sie zwischen zwei Fingern halten können.

Msp.	Messerspitze
EL	Eßlöffel
TL	Teelöffel

Richtwerte für Maßangaben:
Gewicht verschiedener Lebensmittel, bezogen auf einen gestrichenen EL/TL:

Lebensmittel	1 EL	1 TL
Salz	15 g	5 g
Öl	12 g	4 g
Butter, Margarine	15 g	5 g

1 Tasse = 125 ml
1 Suppenteller = 250 ml

Pastetenteig
Die am häufigsten verwendete Teigumhüllung für Pasteten ist Mürbe- oder Knetteig, da dieser fettreich und locker ist. Wichtig: Das Fett muß eiskalt sein und der Teig muß rasch geknetet werden.

1. Mehl auf ein Backbrett sieben, das kalte Fett in Flöckchen darübergeben und in die Mitte das eiskalte Wasser gießen.

2. Mit einem großen Messer oder mit einer Teigkarte Fett und Mehl von außen nach innen zerhacken.

3. Mit den Händen rasch zu einem glatten Teig verkneten. Falls nötig, etwas Wasser dazugeben. Kalt stellen.

Farce für Pasteten und Terrinen
Für alle Farcen aus Fleisch oder Fisch gilt: Die Zutaten müssen gut gekühlt sein, sonst gerinnt das für die Bindung wichtige Eiweiß und die Farce wird brüchig und läßt sich nicht schneiden.

1. Fleisch oder Fisch in Würfel schneiden und gut durchkühlen, ebenso die übrigen Zutaten.

2. Abwechselnd nacheinander in kleinen Portionen sehr schnell in der Küchenmaschine fein pürieren.

3. Die Farce durch ein Sieb in eine Metallschüssel streichen. Auf Eiswürfel stellen und kaltrühren.

Pastetenform auskleiden
Die Form muß sorgfältig mit Teig ausgekleidet sein, damit keine Farce austreten kann. Damit sich der Teig gut ausrollen läßt, muß man ihn vorher mindestens 30 Minuten ruhen lassen.

1. Den Teig rechteckig ca. 4 mm dick ausrollen und mit der Form die Außenmaße auf dem Teig markieren.

2. Den überstehenden Teig abschneiden. Den Teig mit Mehl bestäuben und der Länge nach dreimal zusammenklappen.

3. Den Teig in die gefettete Pastetenform geben, sorgfältig damit auskleiden und mit einer kleinen Teigkugel andrücken.

Terrinenform auskleiden
Im Unterschied zu Pasteten wird die Terrine im Wasserbad zubereitet. Die klassische Terrine wird in einem Speckmantel gegart, der die Farce vor Austrocknung schützt.

1. Den rohen fetten Speck in hauchdünne Scheiben schneiden lassen. Eventuell zwischen Folie noch dünner klopfen.

2. Die Terrine mit den Speckscheiben so auskleiden, daß eine Scheibe die nächste leicht überlappt.

3. Für die Schmalseite die Speckscheiben so breit schneiden, daß die Ecken vollständig bedeckt sind.

Farce einfüllen

Am besten füllt man die Farce mit einem Löffel in die ausgekleidete Form. Mit dem Löffelrücken kann man die Masse, vor allem an den Ecken, gut festdrücken.
Durch Aufstoßen auf einem nassen Tuch schließen sich die Luftlöcher in der Farce.

1. Die Hälfte der Farce in die mit Teig oder Speck ausgekleidete Form geben und gut festdrücken.

2. In die Mitte der Länge nach eine Rinne drücken und die gewünschte Einlage, z. B. gebratenes Filet, hineinlegen.

3. Die restliche Farce daraufgeben und glattstreichen. Die Form mehrmals auf einem nassen Tuch aufstoßen.

Form verschließen

Pasteten werden mit Teigplatten verschlossen, bei einer Terrine werden die Speckscheiben sorgfältig über der Farce zusammengeklappt und gut festgedrückt.

1. Bei einer Pastete werden die Teigränder über die Farce geschlagen. Festdrücken und mit Eigelb bestreichen.

2. Eine Teigplatte in Größe der Form zurechtschneiden, darüberlegen und festdrücken. Beliebig verzieren.

3. Öffnungen in den Teig stechen und Kamine aus Alufolie hineinstecken. Den Teig mit Eigelb bestreichen.

Aspik zubereiten

Ein aromatischer Fond ist die Voraussetzung für ein schmackhaftes Aspik. Der Fond muß völlig fettfrei sein. Damit das Gelee glasklar wird, sollte es vorher mit Eiweiß geklärt werden.

1. Eiweiß und Gemüse in den kalten Fond geben, aufkochen und ca. 30 Minuten ziehen lassen.

2. Die Gelatine in reichlich kaltem Wasser ca. 5 Minuten einweichen, dann gut ausdrücken.

3. Den Fond durch ein mit einem Mulltuch ausgelegtes Spitzsieb über die ausgedrückte Gelatine gießen.

Möglichkeiten mit Aspik

Eine Geleeumhüllung schützt einerseits vor Austrocknung, andererseits trägt ein feines Aspik auch zu einer geschmacklichen Aufwertung des jeweiligen Gerichts bei.

1. Das abgekühlte, aber noch flüssige Aspik durch den Kamin in die Pastete gießen und erstarren lassen.

2. Förmchen mit Gelee vollgießen, im Eiswasser kurz erstarren lassen und wieder ausgießen.

3. Den Boden einer Form etwa 4 bis 5 mm dick mit Geleeflüssigkeit ausgießen und im Kühlschrank erstarren lassen.

Avocado vorbereiten
Avocados sind ideale Früchte für Vorspeisen. Auf den Seiter 42 und 43 finden Sie viele schmackhafte Anregungen! Nur wirklich reife, weiche Früchte verwenden und wie nebenstehend beschrieben vorbereiten.

1. Zum Füllen schneidet man sie der Länge nach rund um den Kern ein und dreht die Hälften gegeneinander.

2. Für die Weiterverarbeitung stülpt man die Schale einfach um oder schält die Früchte fein.

3. Die geschälten, entkernten Hälften entweder quer oder längs in Spalten oder in Würfel schneiden.

Grundtechniken für Gemüse und Früchte
Gerade bei Vorspeisen spielt die Optik eine große Rolle – hübsch angerichtet schmeckt alles noch mal so gut! Ein scharfes Messer ist Voraussetzung für die nebenstehenden Grundtechniken!

1. Tomaten aushöhlen
Deckel abschneiden, Fruchtfleisch und Kerne mit einem kleinen Löffel herausheben.

2. Orangen filetieren
Die weiße Haut völlig entfernen. Mit einem scharfen Messer die Filets herauslösen.

3. Melone teilen
Die Melone achteln, entkernen, das Fruchtfleisch lösen und wieder auf die Schale legen.

Garniturvorschläge
Die Zeiten der üppigen Garnituren, als Tomaten und Eier wie Fliegenpilze aussahen, sind vorbei. Nicht mehr kleiner Firlefanz schmückt unsere Speisen, sondern, wenn überhaupt, mit Hilfe kleiner Küchenhelfer geformte Gemüse.
Für viele Speisen sind zum Beispiel frische Zweige von Küchenkräutern oder in Achtel geschnittene Zitronen, Tomaten oder Eier die schönste Garnitur.

1. Avocadofächer
In die geschälte Avocado feine Spalten einschneiden, vorsichtig auseinanderdrücken.

2. Tomatenrose
Tomaten wie einen Apfel in einem Stück schälen, die Schale wieder zusammenrollen.

3. Zitronenkrone
Zitronen mit einem spitzen Messer quer in der Mitte zickzackförmig einschneiden.

1. Gemüsesterne
Salatgurken oder Möhren in Scheiben schneiden und gezackt ausstechen.

2. Pilzkrönchen
Rohe Champignons von der Kopfmitte aus durch Drehen beim Schneiden einriefen.

3. Radieschenblüten
Ein Blatt an den Radieschen dranlassen. Von außen nach innen einschneiden.

Vinaigrette

Vinaigrette ist die Grundlage für alle Salatsaucen auf Essig-Öl-Basis. Wie gut sie ist, hängt von der Qualität der verwendeten Zutaten ab. Daher nur aromatische Essigsorten und wertvolle, am besten kaltgepreßte Öle verwenden.

1. Eine Salatschüssel mit einer halbierten Knoblauchzehe ausreiben und Essig oder Zitronensaft hineingießen.

2. Salz und Pfeffer hinzufügen und mit einem kleinen Schneebesen so lange rühren, bis sich das Salz gelöst hat.

3. Je nach Sauce Senf oder Eigelb dazugeben und unter weiterem kräftigen Rühren das Öl tröpfchenweise dazugießen.

Mayonnaise

Sicherlich gibt es Mayonnaise fertig im Glas, aber selbst zubereitet schmeckt sie einfach doch besser. Auf 2 Eigelb nimmt man etwa 1/4 l geschmacksneutrales Öl und nach Belieben die passenden Gewürze. Alle Zutaten müssen Zimmertemperatur haben.

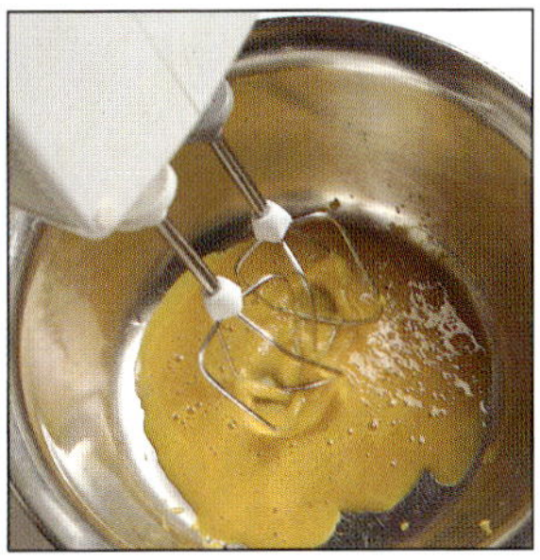

1. Eigelb mit etwas Senf und Salz mit den Schneebesen des Handrührgerätes cremig rühren.

2. Das Öl tröpfchenweise unter ständigem Schlagen dazugeben.

3. Sobald eine feste Mayonnaise entstanden ist, nach Belieben mit Zitrone, Gewürzen oder Knoblauch abschmecken.

Sauce hollandaise

Auf 2 Eigelb und 3 bis 4 EL Weißwein rechnet man etwa 250 g Butter. Dieses Grundrezept läßt sich beliebig variieren. Mischt man z. B. Kräuter darunter, wird eine Sauce béarnaise daraus, mit etwas Saft und Schale einer Blutorange eine Sauce maltaise.

1. 250 g Butter bei mittlerer Hitze zerlassen und den entstandenen Schaum abschöpfen.

2. Eigelb, Weißwein und etwas Zitronensaft in einer Metallschüssel über dem Wasserbad schaumig schlagen.

3. Die geklärte Butter tröpfchenweise unter ständigem Schlagen dazugeben. Würzig abschmecken.

Sauce Cumberland

Diese fruchtige Sauce wurde um die Jahrhundertwende für den Herzog Cumberland zu Braunschweig kreiert. Sie paßt vorzüglich zu herzhaften Fleischpasten oder -terrinen.

1. 4 EL Johannisbeergelee in eine Schüssel geben und mit 2 EL Portwein verrühren.

2. Mit einem Juliennereißer die Schale von 1/2 Orange abziehen. Dann die Frucht halbieren und eine Hälfte auspressen.

3. Orangenschale und -saft sowie 1/2 TL Dijonsenf unterrühren. Mit Ingwer, Cayennepfeffer und Pfeffer würzen.

Gemüse

Gemüse ist eine ideale Vorspeise. Ob mariniert, gefüllt oder einfach roh mit leckeren Dips – nicht nur am Mittelmeer erfreut es sich immer größerer Beliebtheit!

MARINIERTES GEMÜSE

Überraschender Besuch? Südländer freuen sich darüber. Und nie ist der Gastgeber verlegen um einen kleinen Snack. Denn in fast jedem Kühlschrank steht in Öl und Essig mariniertes Gemüse. Auf diese Weise zubereitet, halten sich Paprika, Auberginen, Zwiebeln und Zucchini ein paar Tage lang.

Alle Gerichte sind für 4 Personen und lassen sich in ca. 30 Minuten zubereiten.

Grundrezept:

2 kleine Auberginen
Salz
Mehl zum Wenden
frisch gemahlener Pfeffer
6 bis 8 EL Olivenöl
2 bis 4 Knoblauchzehen
1 bis 2 EL Rotweinessig

1. Die Auberginen in 1/2 cm dicke Scheiben schneiden, mit Salz bestreuen und etwa 10 Minuten »schwitzen« lassen.
2. Abspülen und mit Küchenpapier gut abtrocknen.
3. Mehl, Salz und Pfeffer vermischen und die Gemüsescheiben darin wenden.
4. Olivenöl in einer Pfanne erhitzen und die Scheiben darin nacheinander goldbraun braten.
5. Die Gemüsescheiben auf eine Platte geben. Essig und durchgepreßte Knoblauchzehen in das heiße Öl geben, kurz aufkochen lassen und über das Gemüse gießen. Durchziehen lassen und nicht zu kalt servieren!

Pro Person:
Kalorien (kcal) 115
Eiweiß (g) 1
Fett (g) 10
Kohlenhydrate (g) 3

Gemüse anbraten
Das Olivenöl erhitzen. Es darf dabei keinesfalls zu heiß werden, damit das Gemüse nicht zu stark bräunt.

Gemüse marinieren
Das gegarte Gemüse noch heiß mit einer Marinade aus dem heißen Öl, Essig und Knoblauch vermischen und zugedeckt an einem kühlen Ort, aber möglichst nicht im Kühlschrank, durchziehen lassen.

PAPRIKA-SCHOTEN

je 3 rote und grüne Paprikaschoten
2 EL Olivenöl
6 Knoblauchzehen
8 EL Olivenöl, kaltgepreßt
2 EL Essig
1/2 TL frische Thymianblätter
Salz

1. Die Paprikaschoten waschen, der Länge nach in Viertel schneiden und entkernen.
2. Olivenöl erhitzen und das Gemüse auf der Hautseite etwa 10 Minuten anbraten. Herausnehmen und die Haut abziehen.
3. Die geschälten Knoblauchzehen in Würfel schneiden.
4. Kaltgepreßtes Olivenöl mit Essig vermischt erhitzen. Paprika, Knoblauch und Thymian darin etwa 10 Minuten bei schwacher Hitze weichschmoren. Salzen und durchziehen lassen.

Pro Person:
Kalorien (kcal) 135
Eiweiß (g) 2
Fett (g) 11
Kohlenhydrate (g) 7

WEISSE ZWIEBELN

500 g kleine weiße Zwiebeln
4 EL Olivenöl, kaltgepreßt
2 EL Aceto Balsamico
2 EL Weißweinessig
1 EL Zucker
Salz

1. Die Zwiebeln schälen. Das Öl in einem breiten, flachen Topf erhitzen und die Zwiebeln darin anbraten.
2. Die beiden Essigsorten, Zucker, Salz und 1/4 l Wasser dazugeben und einmal aufkochen. Bei schwacher Hitze zugedeckt etwa 15 Minuten garen.
3. Ohne Deckel bei starker Hitze so lange kochen, bis die Flüssigkeit sirupartig eingedickt ist. Lauwarm oder kalt servieren.

Pro Person:
Kalorien (kcal) 150
Eiweiß (g) 2
Fett (g) 10
Kohlenhydrate (g) 11

MÖHREN

1 Bund junge Möhren
Salz
6 EL Olivenöl, kaltgepreßt
1 EL Schalottenwürfel
1 gehackte Knoblauchzehe
1 Lorbeerblatt
frisch gemahlener Pfeffer
1/4 TL Zucker
100 ml milder Weinessig
6 bis 8 Basilikumblätter

1. Möhren schälen, waschen und in Scheiben schneiden. In kochendem Salzwasser 2 bis 3 Minuten blanchieren.
2. Das Öl erhitzen, Schalotten und Knoblauch darin glasig braten. Lorbeer, Pfeffer, Zucker und Essig dazugeben und kurz köcheln lassen.
3. Die abgetropften Gemüsescheiben hineinlegen und 2 bis 3 Minuten garen. Durchziehen lassen und mit feingeschnittenem Basilikum bestreuen.

Pro Person:
Kalorien (kcal) 120
Eiweiß (g) 1
Fett (g) 9
Kohlenhydrate (g) 8

ROHES GEMÜSE ZUM DIPPEN

Gesund und schmackhaft – das ist die Devise moderner Ernährung. Gemüsefondue ist deshalb wie geschaffen für die heutige Zeit. In Italien, vor allem im Piemont, gehört »Bagna cauda« zu den klassischen Vorspeisen! Das geputzte und in mundgerechte Stücke geschnittene Gemüse wird dabei in eine heiße Sardellensauce getaucht. Es schmeckt aber auch mit anderen würzigen Saucen – hier ein paar Anregungen.

Für 8 Personen benötigt man:

- Ca. 1 kg verschiedenes knackfrisches Gemüse. Gut geeignet sind Zucchini, Paprikaschoten, Staudensellerie, Frühlingszwiebeln, Fenchelknollen oder Möhren. Man kann dafür aber auch bißfest gekochtes Gemüse wie Spargel, Blumenkohl, Broccoli oder Artischocken verwenden.
- Das gewaschene und geputzte Gemüse wird in längliche Streifen oder in mundgerechte Stücke geschnitten und in verschiedene würzige Dips getaucht.
- Zwei bis drei Saucen sind ausreichend. Die Dip-Rezepte gelten jeweils für 4 Personen!

Klassische Sauce zu Bagna cauda

4 Knoblauchzehen in feine Streifen schneiden und in 50 g Butter und 5 EL Olivenöl glasig braten. 100 g feingehackte Sardellen dazugeben und bei schwacher Hitze so lange unter Rühren braten, bis eine cremige Sauce entsteht. 1 EL geschlagene Sahne untermischen und die Sauce auf einem Stövchen warm halten.

Pesto

20 g Pinienkerne trocken rösten und mit 100 g abgezupften, gehackten Basilikumblättern, 1 EL grobem Salz sowie 1 durchgepreßten Knoblauchzehe in einen Mörser geben und zu einer Paste zerstoßen. 2 EL frisch geriebenen Parmesan und nach und nach 6 EL kaltgepreßtes Olivenöl dazugeben, dabei ständig rühren. Mit Salz und Pfeffer abschmecken. Falls nötig, mit Wein verdünnen.

Aïoli (Knoblauchmayonnaise)

4 Eigelb mit Salz, Pfeffer, 1 TL Aceto Balsamico, 1 EL Zitronensaft, 1/2 TL feinwürzigem Senf und 4 bis 8 zerdrückten Knoblauchzehen mit einem Schneebesen verrühren. Tröpfchenweise 1/4 l geschmacksneutrales Öl unterschlagen. Kurz durchziehen lassen.

Kräutermayonnaise
250 g Salatmayonnaise mit einem Schneebesen kräftig schlagen und 5 EL gehackte, gemischte Frühlingskräuter wie Petersilie, Schnittlauch, Kerbel, Sauerampfer, Kresse, Estragon oder Basilikum untermischen. Mit 1 durchgepreßten Knoblauchzehe, Zitronensaft, Salz und Pfeffer würzen.

Cocktailsauce
Salz, Pfeffer, 2 EL Orangensaft und 2 Eigelb mit einem Schneebesen verrühren. Tröpfchenweise 1/4 l geschmacksneutrales Öl unterschlagen. Sobald eine Mayonnaise entstanden ist, 3 EL Ketchup und 1 bis 2 EL Cognac dazugeben. Zum Schluß 1/8 l geschlagene Sahne und 1 gehäutete, in Würfel geschnittene Tomate untermischen.

French Dressing
1 EL Senf, 2 Eigelb, 2 EL Zitronensaft, 1 Prise Zucker, Salz und Pfeffer mit einem Schneebesen verrühren. Tröpfchenweise 4 EL geschmacksneutrales Öl dazugeben und zum Schluß die Sauce mit 3 bis 4 EL Kalbsfond verdünnen.

Remouladensauce
1 hartgekochtes Eigelb durch ein Sieb streichen und mit 2 rohen Eigelb, 1 TL Zitronensaft und 1 TL Senf mit einem Schneebesen verrühren. Tröpfchenweise 1/4 l geschmacksneutrales Öl dazugeben. 50 g Cornichons und das hartgekochte Eiweiß in Würfel schneiden. Mit 1 EL gehackten Kapern, 1 EL gehackter Petersilie und 1 EL feingeschnittenem Schnittlauch unter die Sauce mischen. Mit Salz und Pfeffer würzen.

Eierdip
4 hartgekochte Eier schälen, halbieren und die Eigelb durch ein Sieb streichen, die Eiweiß hacken. Eigelb mit 1 TL Senf verrühren und 1/8 l geschmacksneutrales Öl tröpfchenweise mit einem Schneebesen unterschlagen. 1 EL in Würfel geschnittenen, eingelegten roten Paprika und 1 EL gehackte Kräuter untermischen und mit Salz, Pfeffer und Cayennepfeffer würzen.

Vinaigrette
Das Grundrezept, wie auf Seite 29 beschrieben, zubereiten.
Die Vinaigrette nach Belieben mit 1 EL Schalottenwürfeln und 2 EL Kräutern vermischen.

TOMATEN MIT MOZZARELLA

Sonnengereifte Tomaten, milder Mozzarellakäse und duftendes Basilikum – einfach, aber fantastico! Zumindest, wenn alles wie in Italien mit feinstem kaltgepreßten Olivenöl beträufelt ist. Abwandlungen dieser auch bei uns so beliebten Vorspeise sind erlaubt.

Für 4 Personen
Zubereitungszeit: 15 Minuten

- 6 vollreife mittelgroße Tomaten
- 300 g (Büffel-) Mozzarella
- Salz
- frisch gemahlener Pfeffer
- 6 bis 8 EL Olivenöl, kaltgepreßt
- 1 Bund Basilikum

1. Die Tomaten waschen und die Stengelansätze entfernen. In nicht zu dünne Scheiben schneiden.

2. Den Mozzarella in dünne Scheiben, die Basilikumblätter in Streifen schneiden.

3. Die Tomatenscheiben auf einer großen Platte anrichten und jede Scheibe mit Mozzarella belegen. Salzen, pfeffern und mit dem Olivenöl beträufeln. Mit dem Basilikum bestreuen.

Pro Person:
Kalorien (kcal) 290
Eiweiß (g) 17
Fett (g) 21
Kohlenhydrate (g) 5

TOMATEN UND ZUCCHINI MIT MOZZARELLA

Für 4 Personen
Zubereitungszeit: 20 Minuten

- 2 kleine Zucchini
- 3 vollreife Fleischtomaten
- 200 g (Büffel-) Mozzarella
- Salz
- frisch gemahlener Pfeffer
- 6 EL Olivenöl, kaltgepreßt
- 1 Knoblauchzehe
- 10 bis 12 Basilikumblätter

1. Zucchini und Tomaten waschen. Zucchini und Mozzarella in dünne, Tomaten in dickere Scheiben schneiden.

2. Abwechselnd, leicht überlappend, 1 Tomaten- mit 2 Zucchinischeiben und darauf 1 Mozzarellascheibe anordnen. Mit Salz und Pfeffer bestreuen.

3. Das Olivenöl mit der durchgepreßten Knoblauchzehe verrühren und die Zutaten damit beträufeln. Mit in Streifen geschnittenem Basilikum bestreuen.

Pro Person:
Kalorien (kcal) 245
Eiweiß (g) 12
Fett (g) 19
Kohlenhydrate (g) 5

GEFÜLLTE TOMATEN MIT MOZZARELLASALAT

Für 4 Personen
Zubereitungszeit: 20 Minuten

4 mittelgroße Tomaten
Salz
frisch gemahlener Pfeffer
1 kleiner Zucchino
1 Schalotte
150 g (Büffel-) Mozzarella
5 schwarze, entkernte Oliven
3 EL Olivenöl, kaltgepreßt
1 TL Aceto Balsamico
1 EL gehackte Basilikumblätter

1. Von den Tomaten einen Deckel abschneiden, die Tomaten aushöhlen und innen mit Salz und Pfeffer würzen.
2. Zucchino, geschälte Schalotte, Mozzarella und die Oliven in sehr kleine Würfel schneiden. Mit Olivenöl vermischen und mit Salz, Pfeffer und Balsamessig würzen. Zum Schluß das Basilikum untermischen.
3. Den Salat in die Tomaten füllen und mit den Deckeln verschließen.

Pro Person:
Kalorien (kcal) 190
Eiweiß (g) 10
Fett (g) 14
Kohlenhydrate (g) 5

TOMATEN UND MOZZARELLA MIT PESTO

Für 4 Personen
Zubereitungszeit: 20 Minuten

4 große Tomaten
300 g (Büffel-) Mozzarella
1 Rezept Pesto,
siehe Seite 34
2 EL trockener Weißwein
4 Basilikumzweige

1. Die Tomaten waschen, Stengelansätze entfernen und die Früchte quer zur Blüte in Scheiben schneiden. Den Mozzarella ebenso in Scheiben schneiden.
2. Abwechselnd mit den Tomaten dachziegelartig auf vier Tellern anordnen.
3. Den Pesto nach Anleitung auf Seite 34 zubereiten, mit Wein verdünnen und über die angerichteten Teller verteilen. Mit je einem Basilikumzweig garnieren.

Pro Person:
Kalorien (kcal) 420
Eiweiß (g) 21
Fett (g) 32
Kohlenhydrate (g) 9

WEISSER BOHNENSALAT MIT THUNFISCH UND TOMATEN

Für 8 bis 10 Personen
Einweichzeit:
mindestens 8 Stunden
Zubereitungszeit:
1 Stunde 45 Minuten

- 500 g getrocknete, große weiße Bohnen
- 2 Zweige Thymian
- 2 Knoblauchzehen
- 3 Zwiebeln
- 1 Lorbeerblatt
- 2 Gewürznelken
- 2 Sardellen, in Öl eingelegt
- 2 bis 3 EL Rotweinessig
- 1 TL Aceto Balsamico
- Salz
- frisch gemahlener Pfeffer
- 8 EL Olivenöl, kaltgepreßt
- 6 Tomaten
- 1 Bund Basilikum
- 150 g Thunfisch, in Öl eingelegt

1. Die Bohnen über Nacht in 2 1/2 Liter Wasser einweichen. Am nächsten Tag mit dem Einweichwasser zum Kochen bringen. Die Zwiebeln schälen, eine davon mit einem Lorbeerblatt belegen und dieses mit zwei Nelken befestigen. Thymianzweige und eine in Stücke geschnittene Knoblauchzehe zu den Bohnen geben; in etwa 1 Stunde gar kochen.
2. Die restliche Knoblauchzehe sowie die Sardellen fein hacken. Die beiden Essigsorten in eine Schüssel geben, Salz, Pfeffer, Knoblauch und Sardellen zufügen. Unter Rühren das Öl dazugießen.
3. Die Bohnen auf einem Durchschlag gut abtropfen lassen, das Kochwasser aufbewahren. Die Bohnen unter die Salatmarinade mischen, etwas Kochwasser zugießen und mindestens 30 Minuten ziehen lassen.
4. Die Tomaten häuten, halbieren, entkernen und in kleine Würfel, das Basilikum in feine Streifen schneiden.
5. Kurz vor dem Servieren Tomaten, Basilikum und den in Stücke gezupften Thunfisch untermischen. Herzhaft abschmecken und mit Pfeffer bestreuen.

Pro Person:
Kalorien (kcal) 350
Eiweiß (g) 19
Fett (g) 14
Kohlenhydrate (g) 34

Dieser in Italien sehr beliebte Salat läßt sich gut am Vortag zubereiten; dann allerdings Tomaten, Basilikum und Thunfisch erst kurz vor dem Verzehr hinzufügen.

SALADE NIÇOISE

Variationen vom Salade Niçoise gibt es fast so viele wie Südfranzosen. Pflicht sind nur: Tomaten, Kartoffeln, Bohnen, Sardellen, Oliven und natürlich ein Hauch Knoblauch! Alles Köstlichkeiten der Provence, die mit einem Stück Baguette zur leichten Vorspeise werden.

Für 4 Personen
Zubereitungszeit: 30 Minuten

150 g junge grüne Bohnen, z. B. Keniabohnen
Salz
1 Paprikaschote, grün oder rot
3 Frühlingszwiebeln
4 vollreife Tomaten
2 hartgekochte Eier
1 große gekochte Kartoffel
8 eingelegte Sardellenfilets
50 g schwarze Oliven
1 Knoblauchzehe
Saft von 1 Zitrone oder
2 EL Essig
frisch gemahlener Pfeffer
6 EL Olivenöl, kaltgepreßt
8 bis 10 Basilikumblätter

1. Die Bohnen waschen, die Enden abknipsen und die Bohnen in reichlich kochendem Salzwasser in etwa 5 bis 6 Minuten bißfest kochen. In Eiswasser abschrecken und gut abtropfen lassen.
2. Die Paprikaschote halbieren, entkernen und die Hälften in feine Streifen schneiden. Die geputzten und gewaschenen Frühlingszwiebeln in dünne Scheiben schneiden, die gewaschenen Tomaten und die Eier achteln. Die Kartoffel schälen und in Würfel schneiden.
3. Eine große Schüssel oder eine tiefe Platte mit der halbierten Knoblauchzehe ausreiben und die Salatzutaten darin anordnen. Mit den in Streifen geschnittenen Sardellen und den Oliven belegen.
4. Salz, Pfeffer, Zitronensaft oder Essig verrühren, das Olivenöl dazugeben und den Salat damit beträufeln. Mit den Basilikumblättern garnieren.

Pro Person:
Kalorien (kcal) 270
Eiweiß (g) 8
Fett (g) 18
Kohlenhydrate (g) 17

Häufig wird der Salat zusätzlich noch mit Thunfischstückchen belegt!

TSATSÍKI

Sonne, Meer und Tsatsíki. Den Griechen gelingt es immer wieder, Urlaubsgäste für diesen Dip aus Joghurt, Gurke und viel Knoblauch zu begeistern. Sie servieren ihn in kleinen Tavernen wie in Restaurants, mal als Vorspeise, mal als Sauce zu Lammfleisch.

Für 4 Personen
Zubereitungszeit: 15 Minuten
Abtropfzeit: 3 Stunden

500 g Sahnejoghurt
1 Salatgurke, ca. 500 g
Salz
4 bis 6 Knoblauchzehen
frisch gemahlener Pfeffer

1. Den Joghurt auf ein Haarsieb geben und mindestens 3 Stunden abtropfen lassen.

2. Die Gurke schälen und grob raspeln. Mit Salz bestreuen und Saft ziehen lassen.

3. Die Gurkenraspeln gut ausdrücken und unter den abgetropften Joghurt mischen. Mit frisch durchgepreßten Knoblauchzehen, Salz und Pfeffer würzen.

Pro Person:
Kalorien (kcal) 110
Eiweiß (g) 6
Fett (g) 6
Kohlenhydrate (g) 10

AUBERGINENPÜREE

Sicherlich ist Knoblauch für diese typisch türkische Vorspeise wichtig, aber noch mehr schätzt man in der Türkei frischgepreßten Zitronensaft als aromatische Würze!

Für 4 Personen
Zubereitungszeit: 30 Minuten

1 kg Auberginen
1 Zwiebel
2 bis 3 Knoblauchzehen
6 EL Olivenöl, kaltgepreßt
Saft von 1/2 Zitrone
Salz
frisch gemahlener Pfeffer

1. Die Auberginen mehrmals mit einer Gabel einstechen und im Backofen bei 250° C so lange backen, bis die äußere Haut fast verkohlt ist.

2. Die Auberginen halbieren und das weiche Fruchtfleisch mit einem Löffel herausschaben. Im Mixer fein pürieren.

3. Die geschälte, in kleine Würfel geschnittene Zwiebel und die zerdrückten Knoblauchzehen sowie das Öl und den Zitronensaft unter Rühren dazugeben. Mit Salz und Pfeffer herzhaft würzen.

Pro Person:
Kalorien (kcal) 200
Eiweiß (g) 4
Fett (g) 15
Kohlenhydrate (g) 11

ZUCCHINISALAT

Da das leicht nussige Aroma von Zucchini roh nicht zur Geltung kommt, sollte man sie für Salate erst blanchieren.

Für 4 Personen
Zubereitungszeit: 30 Minuten

- 400 g kleine Zucchini
- 2 TL Salz
- 1 Tasse milder Weinessig
- 3 EL Zitronensaft
- 1 bis 2 Knoblauchzehen
- 2 EL gehackte Petersilie
- 1 TL gehackte Minzeblätter
- 6 EL Olivenöl, kaltgepreßt
- frisch gemahlener Pfeffer

1. Zucchini in 1 cm dicke Scheiben schneiden. Mit Salz bestreut 15 Minuten »schwitzen« lassen. Dann abspülen.
2. Essig mit der gleichen Menge Wasser aufkochen und die Zucchini darin etwa 3 Minuten blanchieren. Auf einem Durchschlag abtropfen lassen.
3. Zitronensaft, durchgepreßten Knoblauch, Petersilie und Minze mit dem Öl verrühren.
4. Die Zucchini mit der Marinade vermischen, mit Pfeffer bestreuen und mindestens 2 Stunden durchziehen lassen.

Pro Person:
Kalorien (kcal) 135
Eiweiß (g) 2
Fett (g) 13
Kohlenhydrate (g) 2

ARTISCHOCKENSALAT

Natürlich sind frische Artischocken den eingelegten vorzuziehen. Aber: Nur die winzigen, zarten Früchte können ganz und gar verspeist werden. Die größeren muß man erst kochen und entblättern – eine Arbeit, die sich selbst Franzosen und Italiener gern sparen. Sie greifen für ihre Vorspeise schon mal zum Glas.

Für 4 Personen
Zubereitungszeit: 10 Minuten

- 8 sehr junge, kleine, frisch gekochte Artischocken, ersatzweise Artischockenherzen aus dem Glas
- Saft von 1 Zitrone
- Salz
- 5 EL Olivenöl, kaltgepreßt
- frisch gemahlener Pfeffer
- 1 EL gehackte Petersilie

1. Die gegarten Artischocken in eine flache Schüssel geben.
2. Zitronensaft mit Salz verrühren und das Olivenöl nach und nach darunterschlagen.
3. Die Sauce mit Pfeffer würzen und über die Artischocken verteilen. Mit Petersilie bestreuen und etwa 30 Minuten durchziehen lassen.

Pro Person:
Kalorien (kcal) 190
Eiweiß (g) 4
Fett (g) 13
Kohlenhydrate (g) 14

KÖSTLICHES MIT AVOCADOS

Wer denkt schon beim Genuß einer Avocado daran, daß sie gar keine Gemüse-, sondern eine Obstsorte ist? Schließlich wird sie meist pikant zubereitet, weil ihr weiches, cremiges, nach Nuß schmeckendes Fleisch nun einmal gut zu Schinken, würzigem Fisch, selbst zu Knoblauch paßt. Obendrein sieht sie mit ihrem zarten Gelbgrün dekorativ aus – ob zum Fächer aufgeschnitten, zu Kugeln geformt oder halbiert und gefüllt.

Für 4 Personen rechnet man ca. 2 mittelgroße, vollreife Avocados
Zubereitungszeit: kaum länger als 20 Minuten

1 Avocadofächer mit Räucherlachs
Avocados halbieren, entkernen und schälen. Die Hälften fächerförmig aufschneiden, auf Tellern anordnen und mit Zitronensaft beträufeln. Salzen, pfeffern und mit 2 EL Schalottenwürfeln, 1 EL gehacktem Dill sowie 100 g in feine Streifen geschnittenem Räucherlachs bestreuen.

2 Avocado mit Krabben
Avocados halbieren, entkernen und schälen. Die Hälften quer in Scheiben schneiden. Auf Tellern anordnen und mit 2 EL Zwiebelwürfeln, 2 EL geschnittenem Schnittlauch und 120 g Krabben bestreuen. Mit einer Vinaigrette aus 2 EL Zitronensaft, Salz, Pfeffer und 3 EL Öl marinieren.

3 Avocadotatar mit Speckkrusten
Avocados halbieren, entkernen und das Fruchtfleisch mit einem Löffel herauslösen. Mit einer Gabel fein zerdrücken, salzen, pfeffern und mit 2 EL Zwiebelwürfeln sowie 1 gehackten Knoblauchzehe verrühren. Die Masse auf vier Scheiben getoastetes Bauernbrot streichen und mit Tomatenscheiben belegen. 80 g durchwachsenen Räucherspeck in kleine Würfel schneiden, ausbraten und die Krusten über den Brotscheiben verteilen.

4 Avocado mit Selleriesalat-Füllung
Avocados halbieren, entkernen und das Fruchtfleisch mit einem Ausstecher zu Kugeln formen. Mit 2 in feine Scheiben geschnittenen Selleriestangen und 1 geschälten, grob geraspelten Apfel vermischen. Mit einem Dressing aus 3 EL Crème fraîche, Salz, Pfeffer und Saft von 1 Zitrone anmachen. Den Salat in die Hälften füllen und mit 50 g gehackten Walnüssen bestreuen.

1

2

3

4

6

8

5 Avocado mit Tomaten

Avocados halbieren, entkernen, schälen und das Fruchtfleisch in Würfel schneiden. 12 Cocktailtomaten waschen, vierteln und mit den Avocadowürfeln vermischen. 1 EL Schalottenwürfel und 2 EL geschnittenes Basilikum hinzufügen. Mit einer Vinaigrette aus 1 EL Weißweinessig, 1 Msp. Senf, Salz, Pfeffer und 3 EL Öl anmachen. Auf Salatblättern anrichten.

6 Avocado mit Kresse und Pilzen

Avocados mit harter Schale, am besten die Sorte Hass, halbieren und entkernen. Das Fruchtfleisch mit einem Löffel aus der Schale lösen und in Würfel schneiden. 1 Bund Brunnenkresse putzen, waschen und die Blätter abzupfen. 100 g Egerlinge putzen und in Scheiben schneiden. Alles miteinander vermischen und mit einer Vinaigrette aus 1 TL Aceto Balsamico, 1 EL Zitronensaft, Salz, Pfeffer und 1 EL Öl anmachen. Den Salat in die Avocadoschalen füllen.

7 Avocado mit Orangen

Avocados halbieren, entkernen und schälen. Die Hälften quer in Scheiben schneiden. 2 Orangen so dick schälen, daß die weiße Haut völlig entfernt ist, und die Früchte filetieren. 1 geschälte Gemüsezwiebel in feine Scheiben hobeln. Alle Zutaten vermischen, mit halbierten schwarzen Oliven belegen. Mit einer Vinaigrette aus dem Saft von 1 Zitrone, Salz, Pfeffer und 3 EL Öl anmachen. Mit Petersilie bestreuen.

8 Avocado mit Parmesan

Die Avocados halbieren, entkernen und schälen. Der Länge nach fächerförmig aufschneiden und auf marinierten Salatblättern anrichten. Mit 1 EL gehackten Kräutern bestreuen und mit einer Vinaigrette aus Salz, 2 EL Weißweinessig und 3 EL Öl beträufeln. 100 g jungen Parmesan darüberhobeln.

Keine unreifen, harten Avocados verarbeiten, sie schmecken nicht!

- Avocados nicht kochen, sie bekommen dadurch einen bitteren Beigeschmack!
- Damit die Avocado ihr gutes Aussehen behält, beträufelt man das aufgeschnittene Avocado-Fleisch sofort nach dem Schälen mit Zitronensaft oder Essig, sonst wird es braun.
- Legt man den Kern in den vorbereiteten Salat, behält dieser wesentlich länger seine schöne grüne Farbe!

GEFÜLLTE STEINPILZE

Welch exklusive Vorspeise! Da Steinpilze nicht wie Champignons gezüchtet werden können, sind sie nicht gerade billig. Doch ihr wunderbares Aroma tröstet über den Preis schnell hinweg. Außerdem braucht man ja nicht viel. Als überbackene Vorspeise mit würziger Füllung reicht ein Pilz pro Person.
Die gleiche Füllung schmeckt aber auch in Riesenchampignons und in anderen Gemüsesorten wie Zucchini, Auberginen, Tomaten, Paprikaschoten oder Artischocken.

Für 4 Personen
Zubereitungszeit: 30 Minuten

- 2 Scheiben Weißbrot
- 6 EL heiße Milch
- 3 Schalotten
- 1 Knoblauchzehe
- 4 große Steinpilze
- 3 EL Olivenöl
- 60 g roher Schinken
- 2 EL gehackte Petersilie oder
- gehackte gemischte Kräuter
- Salz
- frisch gemahlener Pfeffer
- 2 TL Paniermehl
- 20 g Butter

1. Die Weißbrotscheiben entrinden, in Würfel schneiden und mit heißer Milch begießen.
2. Schalotten und Knoblauch schälen und in kleine Würfel schneiden.
3. Pilze putzen, nur wenn nötig, kurz waschen, die Stiele herausdrehen und fein hacken. Die Köpfe beiseite legen.
4. Den Backofen auf 220° C vorheizen.
5. 2 EL Öl in einer Pfanne erhitzen und die Schalotten- und Knoblauchwürfel darin anschwitzen. Kleingeschnittene Pilze und den in Würfel geschnittenen Schinken hinzufügen. Kurz anbraten, dann Petersilie oder Kräuter untermischen und zum Schluß das gut ausgedrückte Weißbrot dazugeben. Alles zu einer glatten Masse verrühren und mit Salz und Pfeffer würzen.
6. Eine flache Auflaufform mit dem restlichen Olivenöl fetten. Die Steinpilzköpfe mit der Mischung füllen und in die Form setzen. Die Füllung mit Paniermehl bestreuen und mit Butterflöckchen belegen.
7. Auf der mittleren Schiene des Backofens in 12 bis 15 Minuten überbacken.

Pro Person:
Kalorien (kcal) 230
Eiweiß (g) 8
Fett (g) 15
Kohlenhydrate (g) 12

Mit der doppelten Menge der Farce kann man auch 4 kleine Zucchini- oder 2 kleine Auberginenhälften füllen.

Pilze vorbereiten
Zum Füllen eignen sich neben Steinpilzen z. B. auch große Champignons. Den Stiel herausdrehen oder mit einem Messer abschneiden.
Die Stiele fein hacken.

Lockerungsmittel für die Farce
Zur Lockerung der Farce kann man anstelle des eingeweichten Weißbrotes auch 2 EL gekochten Reis oder 2 EL Paniermehl, mit 3 EL Sahne vermischt, verwenden.

Fleisch- oder Schinkenfarce
Außer mit Schinken kann man Pilze oder andere Gemüsesorten mit Tatar, Lamm- oder Kalbshack füllen. Ob Schinken oder Hackfleisch: Es schmeckt besser, wenn man es kurz anröstet.

Zubereitung der Füllung
Schalotten, Knoblauch, gehackte Pilze und Schinken anschwitzen und mit dem eingeweichten Brot und den Kräutern zu einer geschmeidigen Masse verrühren. Herzhaft würzen.

Füllen der Pilze
Die Farce mit einem Löffel in die Pilzkappen füllen und diese in eine flache, feuerfeste Form setzen. Die Füllung entweder, wie im Rezept angegeben, mit Paniermehl oder mit Parmesan oder einer Mischung daraus bestreuen.

GEFÜLLTE TOMATEN

Warum heißt die Tomate auch Paradiesapfel oder Liebesapfel? Das kann man nicht erklären, sondern nur schmecken, wenn man in das pralle, süß-aromatische Fruchtfleisch beißt. Doch läßt sich der paradiesische Genuß durchaus steigern, zum Beispiel durch eine delikate Füllung. Übrigens: Die Füllung des folgenden Rezeptes paßt auch gut in ausgehöhlte, leicht vorgegarte Zucchini oder Kohlrabis.

Für 4 Personen
Zubereitungszeit: 40 Minuten

- 4 große Fleischtomaten
- 1 Bund Basilikum
- 150 g Speisequark (40 % Fett i. Tr.)
- 3 EL geriebener Parmesan
- 2 Eigelb
- 1 durchgepreßte Knoblauchzehe
- Salz
- frisch gemahlener Pfeffer
- 2 Eiweiß
- Fett für die Form

1. Den Backofen auf 200° C vorheizen.
2. Von den Tomaten einen Deckel abschneiden und die Tomaten mit einem Löffel vorsichtig aushöhlen. Das Fruchtfleisch in kleine Würfel schneiden.
3. Das Basilikum fein hacken und unter den Speisequark mischen. 2 EL Parmesan, Eigelb, Knoblauch und die Tomatenwürfel hinzufügen und gründlich verrühren. Mit Salz und Pfeffer würzig abschmecken.
4. Die Eiweiß zu steifem Schnee schlagen und unter die Quarkmasse ziehen.
5. Die ausgehöhlten Tomaten innen leicht mit Salz und Pfeffer würzen, die Füllung hineingeben und die Tomaten in eine gefettete Auflaufform setzen. Mit dem restlichen Parmesan bestreuen und auf der mittleren Schiene im Backofen in etwa 15 Minuten goldbraun überbacken.

Pro Person:
Kalorien (kcal) 175
Eiweiß (g) 12
Fett (g) 10
Kohlenhydrate (g) 7

Die Tomaten dürfen nicht zu reif sein, sie werden sonst matschig, bis die Quarkfüllung gegart ist.

GEBRATENE AUBERGINENRÖLLCHEN

Wo Auberginen so üppig wachsen wie im Mittelmeerraum, hat man natürlich auch gute Ideen, sie in Gerichte zu verwandeln. Zum Beispiel in Auberginenröllchen, die als würzige Häppchen die Wartezeit aufs Essen verschönern. Zur Abwechslung können Sie auch dünne, längs geschnittene Zucchinischeiben nehmen: braten, füllen, aufrollen und genießen!

Für 4 Personen
Zubereitungszeit: 1 Stunde

2 mittelgroße Auberginen
Salz
2 EL Mehl
1/8 l Olivenöl
2 Knoblauchzehen
2 EL Pinienkerne
2 in Öl eingelegte Sardellen
6 schwarze, entkernte Oliven
1/2 Bund Basilikum
2 Fleischtomaten
frisch gemahlener Pfeffer
1 EL Aceto Balsamico

1. Auberginen waschen und der Länge nach in dünne Scheiben schneiden. Jede Scheibe mit Salz bestreuen, wieder übereinanderlegen und etwa 30 Minuten »schwitzen« lassen. Dabei lösen sich die Bitterstoffe aus den Eierfrüchten. Die Scheiben mit Küchenpapier vorsichtig abtupfen und anschließend in Mehl wenden.
2. Etwas Öl in einer beschichteten Pfanne erhitzen und die Auberginenscheiben darin nacheinander auf beiden Seiten goldbraun braten. Immer wieder Öl nachgießen. Die Scheiben nebeneinander auf Küchenpapier zum Abfetten legen.
3. Knoblauch, Pinienkerne, Sardellenfilets, Oliven und die abgezupften Basilikumblätter fein hacken.
4. Die Tomaten kurz in kochendes Wasser tauchen, häuten, halbieren und entkernen. Eine Tomatenhälfte in feine Streifen, den Rest in kleine Würfel schneiden.
5. Die Tomatenwürfel unter die Farce mischen und mit Salz, Pfeffer und Balsamessig würzig abschmecken. Die Mischung auf die Auberginenscheiben streichen und von der Schmalseite her aufrollen. Jedes Röllchen mit einem Tomatenstreifen belegen und mit Zahnstochern befestigen. Mit Weißbrot servieren oder gleich auf kleinen Weißbrotscheiben anrichten.

Pro Person:
Kalorien (kcal) 325
Eiweiß (g) 4
Fett (g) 29
Kohlenhydrate (g) 10

GEFÜLLTE WEINBLÄTTER

Ob sie nun eine griechische oder eine türkische Erfindung sind, das wissen die Götter! Eines ist sicher, im original türkischen Rezept dürfen Pinienkerne und Korinthen keinesfalls fehlen. Frische Weinblätter müssen etwa 5 Minuten in kochendem Salzwasser vorgegart werden, eingelegte Blätter muß man vorher nur mit kaltem Wasser abspülen.
Nach dem gleichen Prinzip kann man auch verschiedene andere Blätter füllen, wie Ihnen die Variationen auf der nächsten Seite zeigen.

Für 6 bis 8 Personen
Zubereitungszeit: 2 Stunden

- 150 g Langkornreis
- 3/8 l Wasser
- Salz
- 3 EL Korinthen
- 3 Zwiebeln
- 1 Bund Dill
- 1 Bund Petersilie
- 2 EL Pinienkerne
- 5 EL Olivenöl, kaltgepreßt
- frisch gemahlener Pfeffer
- 1 Msp. gemahlener Zimt
- 5 EL Zitronensaft
- 250 g eingelegte Weinblätter

1. Den Reis in kochendes Salzwasser geben und knapp 15 Minuten bei schwacher Hitze quellen lassen.
2. Die Korinthen in lauwarmem Wasser einweichen. Die Zwiebeln schälen und in kleine Würfel schneiden, die Kräuter fein hacken.
3. Den abgekühlten, noch nicht völlig gegarten Reis mit den abgetropften Korinthen, den Pinienkernen, den Zwiebelwürfeln und 3 EL Öl vermischen, mit Salz, Pfeffer, Zimt und 2 EL Zitronensaft würzig abschmecken.
4. Die eingelegten, gewaschenen Weinblätter kurz in kochendes Wasser tauchen, abtropfen lassen und nebeneinander auf einem Küchentuch ausbreiten.
5. Mit einem Teelöffel etwas von der Reisfüllung in die Mitte des Weinblattes geben, die beiden Querseiten einschlagen und aufrollen. Alle Blätter auf diese Weise füllen und dicht nebeneinander in einen Topf schichten.
6. 1/4 l Wasser mit dem restlichen Zitronensaft und Öl vermischen, über die Röllchen gießen und mit einem Teller beschweren.
7. Bei schwacher Hitze in gut 1 Stunde gar dünsten. Die Flüssigkeit muß völlig aufgesogen sein. Lauwarm oder kalt servieren.

Pro Person:
Kalorien (kcal) 210
Eiweiß (g) 3
Fett (g) 10
Kohlenhydrate (g) 25

Füllung vorbereiten
Den Reis knapp 15 Minuten vorkochen. Die Korinthen in lauwarmem Wasser einweichen. Die Zwiebeln schälen und in kleine Würfel schneiden, die Kräuter fein hacken.

Weinblätter vorbereiten
Die eingelegten Weinblätter waschen, kurz in kochendes Wasser tauchen und zum Abtropfen auf einem Küchentuch ausbreiten. Dicke, harte Stiele herausschneiden.

Füllung zubereiten
Den Reis auf einem Sieb abtropfen lassen, dann in eine Schüssel geben und mit den abgetropften Korinthen, Pinienkernen, Zwiebelwürfeln, Kräutern und 3 EL Öl vermischen. Mit Salz, Pfeffer, Zimt und 2 EL Zitronensaft würzen.

Weinblätter füllen
Mit einem Teelöffel etwas von der Reisfüllung in die Mitte der Blätter geben. Jeweils die beiden Querseiten einschlagen und das Weinblatt vom Stielende zur Spitze hin aufrollen.

Weinblätter garen
Die Röllchen dicht nebeneinander so in einen Topf schichten, daß kein Zwischenraum entsteht. Mit 1/4 l Wasser, Zitronensaft und Öl begießen und mit einem Teller beschweren. Zugedeckt bei schwacher Hitze gut 1 Stunde garen.

WEINBLÄTTER MIT HACKFLEISCHFÜLLUNG

Für 6 bis 8 Personen
Zubereitungszeit: 2 Stunden

Für die Füllung:
- 250 g gehacktes Lammfleisch
- 3 EL vorgegarter Reis
- 2 EL Zwiebelwürfel
- 2 gehackte Knoblauchzehen
- 1/2 TL gerebelter Thymian
- 5 gehackte schwarze Oliven
- Salz
- frisch gemahlener Pfeffer

Außerdem:
- 250 g eingelegte Weinblätter
- 3 EL Zitronensaft
- 1/4 l Kalbsfond

1. Aus den angegebenen Zutaten einen Fleischteig zubereiten.
2. Wie im Grundrezept beschrieben, die Fleischmasse in die Weinblätter füllen und, mit Zitronensaft und Kalbsfond begossen, garen. Die gefüllten Weinblätter schmecken warm und kalt.

Pro Person:
Kalorien (kcal) 120
Eiweiß (g) 8
Fett (g) 8
Kohlenhydrate (g) 2

MANGOLDRÖLLCHEN MIT ASIATISCHER FÜLLUNG

Für 4 Personen
Zubereitungszeit: 1 Stunde

- 4 Mangoldblätter
- Salz
- 30 g Glasnudeln
- 3 getrocknete Shiitake-Pilze, eingeweicht und gehackt
- 200 g Hackfleisch
- 1 EL Sojasauce
- 1/2 TL geraspelte Ingwerwurzel
- frisch gemahlener Pfeffer

1. Mangoldblätter in Salzwasser blanchieren. Glasnudeln vorkochen, abgießen, kleinschneiden und mit den Pilzen unter das Hackfleisch mischen. Würzen und in die ausgebreiteten Blätter füllen.
2. Wie im Grundrezept beschrieben, aufrollen und in einem Lochsieb oder im Bambusdämpfkorb über einem Wasserbad etwa 20 Minuten garen.

Pro Person:
Kalorien (kcal) 170
Eiweiß (g) 12
Fett (g) 8
Kohlenhydrate (g) 12

SPINATBLÄTTER MIT FISCHFÜLLUNG

Für 4 Personen
Zubereitungszeit: 45 Minuten

Für die Füllung:
300 g rohes Lachsfilet,
in 4 dicke Streifen geschnitten
1 EL Sojasauce
1 EL Reiswein oder Fino-Sherry
1 Msp. Wasabi
1 Msp. gemahlenes
Zitronengras
Außerdem:
8 große Spinatblätter
Salz
2 EL Zitronensaft
6 EL Fischfond

1. Das Lachsfilet mit einer Mischung aus den angegebenen Zutaten etwa 30 Minuten marinieren.
2. Die Spinatblätter kurz in Salzwasser blanchieren.
3. Die Fischstreifen, wie im Grundrezept beschrieben, mit den Spinatblättern umhüllen und in einen Topf schichten. Mit Zitronensaft und 6 EL Fischfond bedeckt etwa 8 Minuten garen.

Pro Person:
Kalorien (kcal) 170
Eiweiß (g) 16
Fett (g) 10
Kohlenhydrate (g) 1

WIRSINGRÖLLCHEN MIT PILZFÜLLUNG

Für 4 Personen
Zubereitungszeit: 1 Stunde

4 schöne Wirsingblätter
Salz
200 g Shiitake-Pilze
1 EL Zwiebelwürfel
20 g Butter
150 g Frischkäse
2 EL gehackte Petersilie
2 EL geriebener Hartkäse
2 EL gehackte Pistazien
$^{1}/_{8}$ l Sahne

1. Die Wirsingblätter kurz in Salzwasser blanchieren.
2. Pilze putzen und kleinschneiden. Zwiebelwürfel in der Butter glasig braten, Pilze dazugeben und andünsten.
3. Abgekühlt mit den übrigen Zutaten (bis auf die Sahne) vermischen. Salzen und wie im Grundrezept beschrieben weiterverarbeiten. Mit Sahne begießen und etwa 20 Minuten garen.

Pro Person:
Kalorien (kcal) 360
Eiweiß (g) 11
Fett (g) 31
Kohlenhydrate (g) 8

FRITIERTE GEFÜLLTE ZUCCHINIBLÜTEN

Viele Gemüsesorten ergeben – roh oder kurz blanchiert, entweder paniert oder in einen Ausbackteig getaucht und in heißem Fett ausgebacken – eine köstliche Vorspeise.
Eine raffinierte Abwandlung davon sind die in Italien hochgeschätzten Zucchiniblüten. Von Mai bis in den Spätherbst kann man die gelben Blüten auch bei uns in guten Gemüsegeschäften kaufen oder ab Juli aus dem eigenen Garten ernten. Die Blüten schmecken auch mit einer Pilz- oder Kalbfleischfarce oder mit Pesto gefüllt.

Für 4 Personen
Zubereitungszeit: 40 Minuten

8 schöne Zucchiniblüten
Für die Füllung:
2 kleine Zucchini
1 EL Öl
1 Knoblauchzehe
2 in Öl eingelegte Sardellen
100 g Ricotta, ersatzweise Quark
100 g (Büffel-) Mozzarella
Salz
frisch gemahlener Pfeffer
Für den Ausbackteig:
50 g Mehl, Salz
frisch geriebene Muskatnuß
1/8 l trockener Weißwein
1 EL Olivenöl
1 Eiweiß
Ausbackfett

1. Von den Zucchiniblüten den Blütenstempel entfernen, die Blüten waschen und auf einem Sieb abtropfen lassen.
2. Die Zucchini waschen und in winzig kleine Würfel schneiden. Das Öl in einer Pfanne erhitzen und die Gemüsewürfel darin goldgelb braten. Die Knoblauchzehe schälen, wie die Sardellen fein hacken und mit den abgekühlten Zucchiniwürfeln unter den Ricotta mischen. Den in kleine Würfel geschnittenen Mozzarella hinzufügen und mit Salz und Pfeffer würzig abschmecken.
3. Für den Ausbackteig Mehl, Salz und Muskat vermischen, Öl und Wein dazugießen und zu einem glatten Teig verrühren. Zum Schluß das steifgeschlagene Eiweiß unterziehen.
4. Das Ausbackfett in der Friteuse auf 175° C erhitzen.
5. Die Blüten mit der vorbereiteten Farce füllen und die Blütenspitzen wieder fest zusammendrehen. In den Ausbackteig tauchen, gut abtropfen lassen und portionsweise im heißen Fett in wenigen Minuten goldbraun fritieren. Sofort servieren.

Pro Person:
Kalorien (kcal) 210
Eiweiß (g) 11
Fett (g) 13
Kohlenhydrate (g) 10

ASIATISCHE GEMÜSEBÄLLCHEN

Gemüse ist ein wichtiger Bestandteil der asiatischen Küche. Gemüsereste werden dort auf schmackhafte Weise weiterverwendet, zum Beispiel unter einen gut gewürzten Teig gemischt und als kleine Häppchen ausgebacken.
Die im Rezept angegebenen Gemüsesorten sind natürlich austauschbar. Wichtig ist nur, daß das Gemüse fein geschnitten wird, damit es sich gut mit dem Teig verbindet.

Für 8 Personen
Zubereitungszeit:
1 Stunde 15 Minuten

- 1 große Möhre
- 100 g Knollensellerie
- 100 g Blumenkohl
- 1/2 rote Paprikaschote
- 100 g Wirsing
- 4 Frühlingszwiebeln
- 50 g Mungosprossen
- 1 gehackte Knoblauchzehe
- 1 EL gehacktes Koriandergrün
- 2 EL Sojasauce
- 1/2 TL geraspelte Ingwerwurzel
- 1 TL Curry
- etwas Cayennepfeffer
- Salz
- 3 Eier
- 6 bis 7 EL Mehl
- Ausbackfett

1. Das Gemüse putzen und waschen. Möhre, Sellerie und Blumenkohl auf der groben Seite der Rohkostreibe raspeln, den Paprika in kleine Würfel, die Wirsingblätter in schmale Streifen und die Frühlingszwiebeln in feine Ringe schneiden.
2. Das vorbereitete Gemüse in eine Schüssel geben, Mungosprossen, Knoblauch, Koriander, Sojasauce und die Gewürze hinzufügen und gründlich vermischen.
3. Abwechselnd Eier und Mehl unterrühren. Den Gemüseteig 30 Minuten ruhen lassen, dann prüfen, ob sich die Masse formen läßt. Bei Bedarf noch etwas Mehl hinzufügen.
4. Das Ausbackfett in der Friteuse auf 175° C erhitzen. Mit einem Eßlöffel etwas vom Teig abstechen, kleine Bällchen formen und im heißen Fett in 6 bis 8 Minuten braun und knusprig fritieren. Nicht zu viele Kugeln auf einmal in das Fett geben, damit die Temperatur konstant bleibt.
5. Die Bällchen mit einem Schaumlöffel herausfischen und auf einem Küchenpapier entfetten lassen. Dazu eine würzig-pikante süßsaure Sauce oder Joghurt reichen.

Pro Person:
Kalorien (kcal) 90
Eiweiß (g) 5
Fett (g) 3
Kohlenhydrate (g) 10

Fisch

Krabben, Lachs und Kaviar ... Fische und Meeresfrüchte sind ein edles Entrée für jedes Menü und zieren jedes kalte Büffet. Absolute Frische ist ein absolutes Muß!

MEERESFRÜCHTESALAT

Um so viele Schätze aus dem Meer in einer Vorspeise zu vereinen, muß man etwas Mühe einplanen. Aber es lohnt sich, wenn die Meeresfrüchte ganz frisch sind und der Rest des Menüs in solch noblem Stil weitergeht.

Für 4 Personen
Zubereitungszeit: 50 Minuten

- 250 g möglichst kleine Tintenfische (Pulpitos)
- 250 g Miesmuscheln
- 250 g Venusmuscheln
- 1 l Wasser
- 1/4 l trockener Weißwein
- 1 große Zwiebel
- 1 Thymianzweig
- 1 Lorbeerblatt
- 6 bis 8 Pfefferkörner
- Salz
- 250 g Garnelen mit Schale
- 1 EL Schalottenessig
- Saft von 1 Zitrone
- 5 EL Olivenöl, kaltgepreßt
- 1 Knoblauchzehe
- 1/2 Bund Petersilie

1. Die Tintenfische säubern, Muscheln sorgfältig aussortieren und beides gründlich waschen.
2. Wasser und Wein in einen großen Kochtopf gießen, die geschälte, in Stücke geschnittene Zwiebel und die Gewürze dazugeben und zum Kochen bringen.
3. Die Tintenfische in das Kochwasser geben und in etwa 10 Minuten gar kochen. Mit einem Schaumlöffel herausheben.
4. Die geputzten Muscheln hineingeben und so lange kochen, bis sie sich öffnen. Herausheben und ungeöffnete Muscheln wegwerfen.
5. Zum Schluß die Garnelen in den leicht siedenden Sud geben und in 2 bis 4 Minuten, je nach Größe, gar kochen.
6. Muscheln und Garnelen aus den Schalen lösen.
7. Aus Salz, Essig, Zitronensaft und Öl eine Marinade zubereiten und mit dem durchgepreßten Knoblauch würzen. Die Meeresfrüchte mit der Marinade vermischen und noch etwa 1/8 l von der durchgesiebten Fischbrühe dazugießen. Mindestens 30 Minuten durchziehen lassen.
8. Vor dem Servieren mit gehackter Petersilie bestreuen.

Pro Person:
Kalorien (kcal) 300
Eiweiß (g) 34
Fett (g) 16
Kohlenhydrate (g) 1

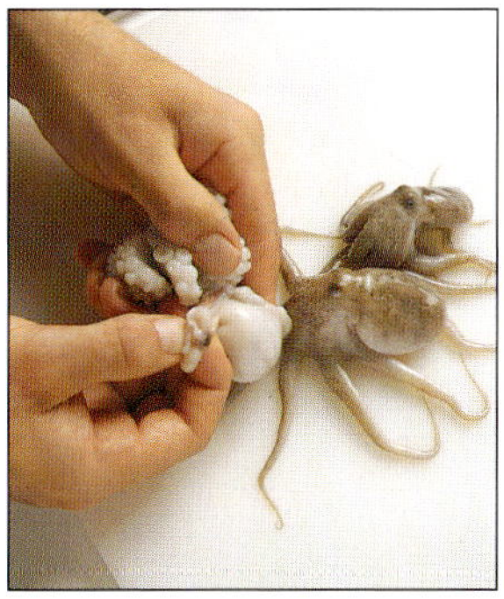

Tintenfische putzen
Bei kleinen Tintenfischen muß lediglich der Sack umgestülpt und gesäubert werden. Bei größeren Tieren muß alles, auch das Fischbein, aus dem Körper geholt werden. Augen und harte Teile des Kopfes abschneiden. Gut waschen!

Muscheln säubern
Muscheln sortieren! Falls sich geöffnete Muscheln bei Fingerdruck nicht wieder schließen, unbedingt wegwerfen. Den Bart herausziehen. Die Muscheln unter fließendem Wasser bürsten. In reichlich kaltem Wasser schwenken.

Muscheln kochen
Die auf einem Durchschlag abgetropften Muscheln in das mit Gewürzen und Kräutern angereicherte Kochwasser geben und zugedeckt in wenigen Minuten garen. Sobald sie sich öffnen, sind sie genießbar.

Garnelen auslösen
Von den gegarten Garnelen den Kopf abtrennen, die Schale von der Bauchseite her aufbrechen und ablösen. Eventuell das Schwanzende dranlassen.

Marinade zubereiten
Salz, Essig und Zitronensaft verrühren, bis sich das Salz gelöst hat, dann das Öl dazugießen und die Knoblauchzehe durch eine Presse in die Sauce drücken. Meeresfrüchte und 1/8 l durchgesiebten Fischsud dazugeben.

BUNTER SALAT MIT LOTTEMEDAILLONS

Ein feiner Auftakt für ein exklusives Menü, der Salat mit Seeteufel. So nämlich heißt der Edelfisch auf deutsch. Nur nennen wir ihn meist beim französischen Namen: Lotte (sprich: lott). Das klingt vornehmer und paßt deshalb besser zu seinem Fleisch: Es erinnert an Hummer, ist grätenfrei und fest.

Für 4 Personen
Zubereitungszeit: 30 Minuten

jeweils einige Blätter Frisée-
und Kopfsalat, Lollo rosso und
1 Handvoll Feldsalat
1 vollreife Avocado
100 g Cocktailtomaten
2 Scheiben Lotte (Seeteufel)
von je ca. 200 g
2 EL geschmacksneutrales Öl
Salz
frisch gemahlener Pfeffer
1 EL Schalottenessig
1 EL Zitronensaft
5 EL Olivenöl, kaltgepreßt
1 EL Schalottenwürfel
1 Bund Schnittlauch

1. Die Salatblätter waschen, trockenschleudern und in mundgerechte Stücke zupfen.
2. Die Avocado halbieren, den Kern entfernen und die Frucht schälen. Der Länge nach in dünne Scheiben schneiden. Die gewaschenen Cocktailtomaten halbieren.
3. Die Lotte waschen, trocknen und das Fischfleisch vom Mittelknochen lösen. In walnußgroße Stücke teilen und salzen. Das Öl in einer beschichteten Pfanne erhitzen und die Fischscheiben darin bei mittlerer Hitze anbraten. Wenden und bei schwacher Hitze zugedeckt in etwa 3 Minuten garen.
4. In der Zwischenzeit aus Salz, Pfeffer, Essig, Zitronensaft und Öl eine Vinaigrette zubereiten und die Schalottenwürfel hinzufügen.
5. Die gemischten Salatblätter auf vier große Teller verteilen, mit den Avocadospalten und Tomatenhälften belegen.
6. Die Fischscheibchen darauf anrichten und mit der Vinaigrette beträufeln. Mit Schnittlauch bestreut servieren.

Pro Person:
Kalorien (kcal) 310
Eiweiß (g) 18
Fett (g) 24
Kohlenhydrate (g) 1

Natürlich kann man den Salat wahlweise auch mit gebratenen, ausgelösten Hummerkrabben oder Garnelen belegen.

KRABBENCOCKTAIL AUF CHICORÉE

In den 60er Jahren brachte der Krabbencocktail etwas Luxus in die bis dahin konservative deutsche Küche. Damals wurde er meist mit reiner Mayonnaise serviert. Heute liebt man ihn etwas leichter und mit viel Gemüse. Hauptsache jedoch: die Krabben sind frisch.

Für 4 Personen
Zubereitungszeit: 25 Minuten

- 2 Kolben Chicorée
- 100 g Tiefkühl-Erbsen
- 2 hartgekochte Eier
- 200 g Krabben ohne Schale
- 3 EL Salat-Mayonnaise
- 1 EL Crème fraîche
- 1 EL Joghurt
- 1 EL Tomatenketchup
- 2 cl Cognac
- Salz
- frisch gemahlener Pfeffer
- Cayennepfeffer
- Saft von 1/2 Zitrone und 1/2 Orange
- 1 Kästchen Kresse

1. Von den Chicoréekolben jeweils die 8 äußeren Blätter ablösen und beiseite legen. Die Kolben halbieren, den unteren Keil, falls bitter, herauslösen, und die Hälften in Streifen schneiden.
2. Die Tiefkühl-Erbsen kurz blanchieren und in eiskaltem Wasser abkühlen lassen.
3. Die Chicoréestreifen mit den Erbsen, den in Achtel geschnittenen Eiern und den Krabben locker in einer Schüssel vermischen.
4. Mayonnaise mit Crème fraîche, Joghurt und Tomatenketchup vermischen und mit Cognac, Salz, Pfeffer, Cayennepfeffer und den Zitrussäften würzig abschmecken.
5. Das Dressing über die Salatzutaten verteilen und vorsichtig vermischen.
6. 4 Sektschalen jeweils mit den zurückbehaltenen Chicoréeblättern auskleiden, in die Mitte den Krabbencocktail geben und mit der abgeschnittenen Kresse bestreuen.

Pro Person:
Kalorien (kcal) 220
Eiweiß (g) 16
Fett (g) 13
Kohlenhydrate (g) 7

FISCHTATAR

Rohen Fisch essen die Japaner schon zum Frühstück. Diese morgendliche Sitte müssen wir ja nicht unbedingt ausprobieren. Aber wie wär's mit Fischtatar vor einem Menü? Schließlich mögen wir ja auch Rindfleisch auf diese Weise roh. Welchen Fisch Sie auch feingehackt genießen, er muß wirklich frisch sein.

Alle vier Gerichte reichen für 4 Personen und lassen sich in maximal 20 Minuten zubereiten.

Grundrezept:

- 300 g rohes, sehr frisches Lachsfilet
- 2 Schalotten
- 2 EL geschmacksneutrales Öl
- 1 bis 2 TL Zitronensaft
- Salz
- gemahlener weißer Pfeffer
- 1 Kästchen Kresse

1. Den gut gekühlten, von allen Gräten befreiten Fisch erst in Scheiben schneiden, anschließend fein hacken.
2. Die Schalotten schälen und in winzige Würfel schneiden. Mit dem Öl unter den Fisch mischen und mit Zitronensaft, Salz und Pfeffer würzig abschmecken.
3. Mit Kresse umkränzt anrichten.

Pro Person:
Kalorien (kcal) 215
Eiweiß (g) 15
Fett (g) 15
Kohlenhydrate (g) 0

Fisch hacken
Das sorgfältig entgrätete Fischfilet erst in Scheiben schneiden, dann mit einem großen Küchenmesser oder einem Wiegemesser fein hacken. Nicht in der Küchenmaschine pürieren!

Tatar anmachen
Das gehackte Lachsfleisch mit den Schalotten- oder Zwiebelwürfeln in eine Schüssel geben. Erst mit Öl verrühren, dann den Zitronensaft oder Essig dazugeben und mit Salz und Pfeffer würzen.

RÄUCHER-LACHSTATAR

300 g Räucherlachs
1 EL Joghurt
1 TL Crème fraîche
2 Frühlingszwiebeln
1 TL kleine Kapern
1 EL Zitronensaft
Salz
frisch gemahlener Pfeffer
einige Salatblätter

1. 200 g Räucherlachs in Stücke schneiden und im Mixer fein pürieren, dabei den Joghurt und die Crème fraîche hinzufügen.
2. Den restlichen Lachs und die geputzten Frühlingszwiebeln in kleine Würfel schneiden und mit den Kapern unter die Fischcreme mischen. Mit Zitronensaft, Salz und Pfeffer abschmecken.
3. Das Tatar mit zwei nassen Teelöffeln zu Nocken formen und auf bunten Salatblättern anrichten.

Pro Person:
Kalorien (kcal) 175
Eiweiß (g) 15
Fett (g) 11
Kohlenhydrate (g) 0

MATJESTATAR

4 ausgelöste Matjesfilets
(ca. 300 g)
1 Essiggurke
1 kleiner Apfel
2 Schalotten
1 EL Sojaöl
frisch gemahlener Pfeffer
8 runde Scheiben Pumpernickel
1 EL fein geschnittener Dill

1. Matjesfilets erst in kleine Würfel schneiden, dann mit dem Wiegemesser fein hacken. Die Essiggurke, den geschälten, entkernten Apfel und die geschälten Schalotten in kleine Würfel schneiden.
2. Alles miteinander vermischen, dabei das Öl dazugeben und mit Pfeffer würzig abschmecken.
3. Das Tatar auf die Pumpernickelscheiben häufen und mit Dill bestreuen.

Pro Person:
Kalorien (kcal) 290
Eiweiß (g) 13
Fett (g) 20
Kohlenhydrate (g) 10

FORELLEN-TATAR

300 g frisches Forellenfilet
2 Frühlingszwiebeln
3 EL Traubenkernöl
1 EL milder Weißweinessig
Salz
gemahlener weißer Pfeffer
1 Bund Rucola
30 g Forellenkaviar

1. Das sorgfältig entgrätete Forellenfilet fein hacken. Die Frühlingszwiebeln putzen und in winzige Würfel schneiden.
2. Alles miteinander vermengen, dann erst das Öl und den Essig untermischen und mit Salz und Pfeffer würzen.
3. Das Tatar auf gewaschenen Rucolablättern anrichten und mit Forellenkaviar bestreuen.

Pro Person:
Kalorien (kcal) 170
Eiweiß (g) 16
Fett (g) 10
Kohlenhydrate (g) 0

GEFÜLLTE MARINIERTE SARDINEN

Unterschiedlich zubereitete Sardinen sind in Spanien fester Bestandteil eines Tapas-Büfetts. Würzig mariniert, wie in diesem Rezept, sind sie nicht nur dort an heißen Sommertagen eine ideale Vorspeise. Größere Sardinen sind zwar etwas fetter, dafür aber wesentlich schmackhafter als die kleinen.

Für 8 Personen
Zubereitungszeit: 35 Minuten
Marinierzeit: ca. 1 Tag

8 große, küchenfertige Sardinen
1 große Zwiebel
2 Knoblauchzehen
8 EL Olivenöl
1 Bund Petersilie
Salz
frisch gemahlener Pfeffer
2 bis 3 EL Mehl
6 EL Rotweinessig
1/8 l Rotwein
1 EL frische Thymianblätter
1 kleines Lorbeerblatt
1 kleine, gehackte Pfefferschote
2 Fleischtomaten
4 kleine Zwiebeln
5 bis 6 Basilikumblätter

1. Die Sardinen waschen und trockentupfen. Die große Zwiebel und den Knoblauch schälen, in kleine Würfel schneiden und in 2 EL Öl glasig braten. Die Petersilie fein hacken und untermischen.
2. Die Fische innen und außen mit Salz und Pfeffer einreiben. Jeweils etwas von der Zwiebelmischung in die Bauchhöhle füllen und die Sardinen in Mehl wenden.
3. Das restliche Öl in einer großen Pfanne erhitzen und die Fische darin nach und nach von beiden Seiten goldbraun braten.
4. Anschließend die Sardinen Kopf an Schwanz in eine längliche Form schichten.
5. Den Bratfond mit Essig und Wein ablöschen, Kräuter und Gewürze dazugeben und einmal aufkochen. Über die Sardinen verteilen, die Form mit Folie verschließen und im Kühlschrank mindestens 1 Tag durchziehen lassen.
6. Am Tag des Servierens die Fleischtomaten häuten, entkernen und in kleine Würfel schneiden. Die Zwiebeln schälen und auf dem Gurkenhobel in feine Scheiben hobeln. Beides über den marinierten Fischen verteilen und mit den feingeschnittenen Basilikumblättern bestreuen.

Pro Person:
Kalorien (kcal) 320
Eiweiß (g) 30
Fett (g) 18
Kohlenhydrate (g) 5

FORELLENFILETS IN ORANGENMARINADE

Anstelle der Regenbogenforellen eignen sich auch Renken, Felchen oder – wenn's besonders fein sein soll – Lachsforellen für dieses Rezept.

Für 4 Personen
Zubereitungszeit: 40 Minuten
Marinierzeit: ca. 1 Tag

2 küchenfertige Regenbogenforellen, je ca. 400 g
Salz
frisch gemahlener Pfeffer
2 bis 3 EL Mehl
5 EL Olivenöl
1 gehackte Knoblauchzehe
1 EL gehackte Petersilie
1/2 TL Thymianblätter
Saft von 1 Orange
Saft von 1 Zitrone
1 TL Aceto Balsamico
4 cl Fino-Sherry
2 Orangen
2 EL Pinienkerne
1 EL gehackte Petersilie
1 TL gehackte Minzeblätter

1. Die Forellen am besten gleich vom Fischhändler filetieren lassen. Die Filets mit Salz und Pfeffer einreiben und in Mehl wenden.
2. 3 EL Olivenöl in einer Pfanne erhitzen und die Filets von beiden Seiten goldbraun braten. Vorsichtig herausheben und auf eine Platte legen.
3. Knoblauch, Petersilie und Thymian in das Bratfett geben, das restliche Öl hinzufügen und kurz anrösten. Mit Orangen- und Zitronensaft, Balsamessig und Sherry aufgießen und einige Minuten durchkochen. Mit Salz und Pfeffer würzig abschmecken.
4. Über die Fischfilets verteilen, mit Folie bedecken und mindestens 1 Tag durchziehen lassen.
5. Vor dem Servieren die Orangen so dick schälen, daß die weiße Haut völlig entfernt wird. Die Orangen quer in dünne Scheiben schneiden und diese jeweils zwischen die Forellenfilets stecken.
6. Die Pinienkerne trocken in einer Pfanne rösten und mit der Petersilie und der Minze über die marinierten Fische streuen.

Pro Person:
Kalorien (kcal) 410
Eiweiß (g) 41
Fett (g) 18
Kohlenhydrate (g) 12

HEISS UND KNUSPRIG

Schon bevor die knusprig-goldenen Fischlein aus dem Öl gehoben werden, verlocken sie durch ihren Duft. Von solch frischausgebackenen Sardinen, Tintenfischringen und Garnelen läßt man sich im ganzen Mittelmeerraum den Appetit anregen. Oder aber stillen. Denn Weißbrot und Salat verwandeln den kleinen Snack schnell zum Hauptgericht.

Für 8 Personen
Zubereitungszeit:
20 bis 30 Minuten

Folgende Punkte sind für ein gutes Gelingen wichtig:

- Je kleiner die Tiere, um so schmackhafter sind sie!
- Als Fritierfett eignet sich am besten geschmacksneutrales Öl. Keinesfalls kaltgepreßtes Öl verwenden!
- Das Öl nicht überhitzen! Ideal ist eine Temperatur von maximal 180° C.
- Nicht zu viele Fische auf einmal in das Fett geben, sondern immer in kleinen Portionen ausbacken. Sobald nämlich das Ausbackfett zu sehr abkühlt, nimmt das Backgut zuviel Fett auf!
- Nach dem Fritieren das Backgut auf Küchenpapier legen, damit überschüssiges Fett aufgesogen werden kann.
- Heiß, entweder nur mit Zitronensaft beträufelt, oder in Knoblauchmayonnaise (Rezept Seite 34) getaucht genießen!

1 Fritierte Sardinen
1 kg kleine, küchenfertige Sardinen in Mehl wenden, portionsweise in heißem Öl goldbraun und knusprig backen und vor dem Servieren mit Salz bestreuen.

2 Fritierte Rotbarben
1 kg möglichst kleine, küchenfertige Rotbarben erst in Milch tauchen, dann in Mehl wenden und nacheinander in heißem Öl fritieren. Mit Salz bestreut sofort genießen.

3 Fritierte Pulpitos (sehr kleine Tintenfische)
600 g sehr kleine Tintenfische in 4 cl Fino-Sherry, mit 2 EL Zitronensaft und ein paar Spritzern Worcester- und Tabascosauce vermischt, 1 Stunde marinieren. Mehl und frisch gemahlenen Pfeffer vermischen und die abgetropften Pulpitos darin wenden. In heißem Öl knusprig ausbacken.

4 Fritierte Tintenfischringe
600 g große, geputzte Tintenfische in Ringe schneiden. In einen Ausbackteig aus 100 g Mehl, 1 Eigelb, 1/8 l Wein oder Bier, Salz, 1 EL Öl und 1 steifgeschlagenen Eiweiß tauchen und in heißem Fett goldbraun backen. Mit Zitronensaft beträufeln, salzen und mit Knoblauchmayonnaise genießen.

1

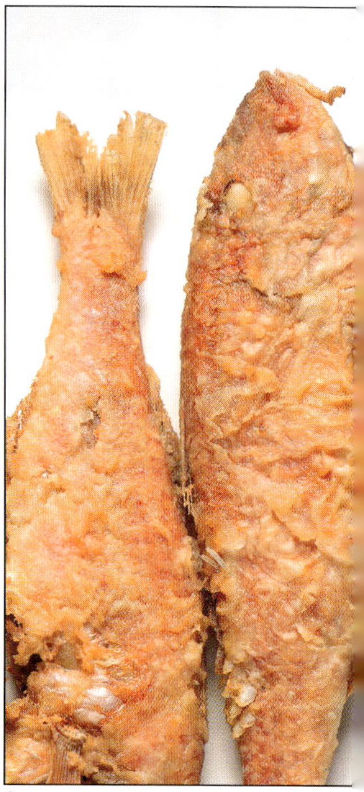

2

3

4

6

8

5 Fritierte Garnelen
1 kg kleine Garnelen waschen, gut abtrocknen und in heißem Öl ausbacken. Bei Tisch aus der Schale lösen und mit Zitronensaft beträufelt genießen.

6 Fritierte Scampi
16 Scampi (Kaisergranate) aus der Schale lösen, das Schwanzende nicht entfernen. Mit Zitronensaft beträufeln, salzen, pfeffern und etwa 30 Minuten ziehen lassen. Die Scampi in Mehl wenden, in verquirltes Ei tauchen und in heißem Öl ausbacken. Mit Tatarensauce oder einer Sauce béarnaise verzehren.

7 Fritierte Muscheln
600 g ausgelöste Miesmuscheln erst in Mehl, dann in verquirltem Ei und zum Schluß in Paniermehl wenden. In heißem Fett portionsweise ausbacken und auf fritierten Petersilienstengeln oder Algen anrichten.

8 Fritierte Fischwürfel
600 g frisches, festes Fischfilet von Thunfisch, Lotte oder Schwertfisch in mundgerechte Würfel schneiden. Mit Zitronensaft beträufeln und mit Salz und Pfeffer würzen. 30 Minuten marinieren. Erst in Mehl, dann in verquirltem Ei und zum Schluß in fein zerbröselten Cornflakes wenden. In heißem Fett ausbacken.

Tempura nennen die Japaner ihre Variante fritierter Fische, die sie ähnlich wie ein Fondue servieren. Das Ausbacköl kommt in einen Fonduetopf aus Metall und wird auf einem Rechaud erhitzt. Mit dem Stiel eines Holzlöffels prüft man die richtige Temperatur: Bilden sich um den Stiel Bläschen, ist die erforderliche Hitze erreicht.
Neben Langustinen, Garnelen, Tintenfischringen und Fischfilet von Thunfisch oder anderen Meeresfischen wird bei Tempura auch junges Gemüse – in mundgerechte Stücke geteilt – bereitgestellt.
All die frischen Zutaten werden dann in den speziellen Tempurateig getaucht und in kleine Drahtkörbchen gelegt, damit sie beim Ausbacken geschützt sind.
Nach dem Backen werden die knusprigen Stückchen in gut gekühlte Sojasauce getunkt, die je nach Geschmack mit Ingwer oder Meerrettich gewürzt wurde.
Und so macht man Tempurateig: 1 Ei wird mit 200 ml eisgekühltem Wasser gründlich verquirlt. Nach und nach 125 g Weizenmehl unterrühren.

HECHTTERRINE MIT LACHSFÜLLUNG

Fischterrine – welche Überraschung für Ihre Gäste! Viele kennen zwar im Wasserbad gegarte Terrinen aus Fleischfarce, wenige aber nur die moderne, leichte Version aus Fisch – ein zarter Auftakt für ein erlesenes Menü.
Da sich zur Herstellung der zarten Farcen edle Fische am besten eignen, sind Fischterrinen eine etwas kostspielige Angelegenheit – der feine Geschmack läßt Sie das aber rasch wieder vergessen!

Für 8 Personen
Zubereitungszeit: 2 Stunden

500 g Hechtfilet
Salz
gemahlener weißer Pfeffer
1 Msp. frisch geriebene
Muskatnuß
150 g Crème fraîche
500 g frisches Lachsfilet
12 große Spinatblätter
Butter für die Form

1. Das gut gekühlte Hechtfleisch zweimal durch den Fleischwolf drehen oder in der Küchenmaschine portionsweise fein pürieren.
2. Die Masse durch ein feines Sieb streichen und auf eine Schüssel mit Eiswürfeln stellen. Die Crème fraîche einarbeiten und die Farce mit Salz, Pfeffer und Muskat würzen.
3. Das Lachsfilet in dicke Streifen schneiden, salzen, pfeffern und kalt stellen.
4. Die Spinatblätter kurz in kochendem Salzwasser blanchieren, sofort in Eiswasser geben und auskühlen lassen. Gut abgetropft auf Sichtfolie ausbreiten. Die Fischstreifen darauflegen und mit den Spinatblättern umhüllen.
5. Einen großen Topf, drei Finger hoch mit Wasser gefüllt, in den Backofen stellen und auf 150° C vorheizen.
6. Eine Terrinen- oder eine Kastenform mit Butter ausfetten. Die Hälfte der Farce einfüllen und in die Mitte die Spinatrolle legen. Die restliche Farce darübergeben und gut festdrücken.
7. Die Form mit Alufolie verschließen und im Wasserbad etwa 1 Stunde 30 Minuten garen.
8. Die Terrine am besten über Nacht abkühlen lassen und mit einer feinen Kräutersauce servieren.

Pro Person:
Kalorien (kcal) 250
Eiweiß (g) 25
Fett (g) 15
Kohlenhydrate (g) 0

Fischfleisch pürieren
Das gut gekühlte Hechtfilet in Würfel schneiden und in vier Portionen in einer Küchenmaschine fein pürieren. Rasch arbeiten, damit das Fischfleisch nicht warm wird.

Farce zubereiten
Die Fischmasse auf eine Schüssel mit Eiswürfeln stellen und nach und nach unter Rühren mit einem Kochlöffel die Crème fraîche einarbeiten. Gut gekühlt bindet die Farce besser.

Füllung vorbereiten
Die blanchierten, abgekühlten Spinatblätter leicht überlappend auf die Länge der Form auf Sichtfolie ausbreiten. Die Fischstreifen darauflegen und mit Hilfe der Folie mit den Spinatblättern umhüllen.

Terrinenform füllen
Eine gefettete Terrinenform von etwa 1 1/2 Liter Inhalt mit der Hälfte der Farce auskleiden, die Spinatrolle in die Mitte geben und mit der restlichen Farce bedecken. Vor allem an den Rändern gut mit dem Löffelrücken festdrücken.

Garen im Wasserbad
Die Form mit gefetteter Alufolie verschließen und in das Wasserbad stellen. Das Wasser darf keinesfalls kochen. Bei Bedarf ein wenig kaltes Wasser nachgießen.

FISCHTERRINE MIT KRABBEN

Neben der im vorhergehenden Grundrezept verwendeten Crème fraîche eignen sich auch gut gekühlte flüssige Sahne, Eiweiß, eingeweichtes Weißbrot oder auch eine dicke Béchamelsauce als Lockerungsmittel für Fischterrinen.

Für 4 Personen
Zubereitungszeit:
1 Stunde 30 Minuten

- 400 g Steinbutt- oder Hechtfilet
- Salz
- gemahlener weißer Pfeffer
- 2 Scheiben Toastbrot
- 5 EL Sahne
- 2 Schalotten
- 20 g Butter
- 1 Eiweiß
- 200 ml Sahne
- 100 g Krabben ohne Schale
- 50 g Tiefkühl-Erbsen
- 1 EL feingeschnittener Dill
- Fett für die Form

1. Das Fischfilet in Würfel schneiden, mit Salz und Pfeffer würzen und kurz in das Gefrierfach stellen.
2. Das Weißbrot entrinden und mit Sahne beträufeln.
3. Die Schalotten schälen, in Würfel schneiden und in der Butter kurz anschwitzen. Von der Kochstelle nehmen und abkühlen lassen.
4. Einen großen Topf, drei Finger hoch mit Wasser gefüllt, in den Backofen stellen und auf 150°C vorheizen.
5. Das Fischfilet, wie im Grundrezept beschrieben, fein pürieren, dabei das eingeweichte Weißbrot und die Schalotten hinzufügen. Die Masse auf eine Schüssel mit Eiswürfeln stellen und nach und nach das gut gekühlte Eiweiß und die flüssige Sahne einarbeiten. Zum Schluß Krabben, Erbsen und Dill untermischen und würzig abschmecken.
6. Die Fischfarce in eine gefettete Terrinen- oder Kastenform von $1\,^1/_2$ Liter Inhalt füllen, mit Folie verschließen und im Wasserbad etwa 45 Minuten garen.
7. Gut gekühlt in Scheiben schneiden und mit einer feinen Dillsauce reichen.

Pro Person:
Kalorien (kcal) 390
Eiweiß (g) 27
Fett (g) 25
Kohlenhydrate (g) 9

Damit sich die Terrine gut von der Form löst, ist es wichtig, sie gründlich mit flüssiger Butter oder Öl zu fetten, vor allem in den Ecken!
Die Fischterrine schmeckt auch warm als Hauptgericht mit Salzkartoffeln und einer Sauce hollandaise sehr fein. In jedem Fall aber die Form vor dem Stürzen 5 bis 10 Minuten mit einem trockenen Tuch bedeckt ruhen lassen.

ZANDERTIMBALE MIT MUSCHELFÜLLUNG

Timbales – man könnte auch Becherterrinen sagen – sind Terrinen in Portionsform. Jede Terrinenfarce können Sie auch in Timbaleförmchen füllen. Ein Vorteil, denn die Garzeit ist wesentlich kürzer! Timbales eignen sich auch gut zum Füllen, zum Beispiel mit Muscheln, Krabben, gekochten Broccoliröschen oder anderen feinen Gemüsesorten.

Für 4 Personen
Zubereitungszeit: 45 Minuten

350 g Zanderfilet
150 g Crème fraîche
Salz
gemahlener weißer Pfeffer
1 Schalotte
20 g Butter
1/8 l Sahne
100 g ausgelöste Miesmuscheln
1 TL frisch geriebener Meerrettich
Fett für die Förmchen

1. Das gut gekühlte Fischfilet in Würfel schneiden, entweder zweimal durch die feine Scheibe des Fleischwolfes drehen oder in zwei Portionen in der Küchenmaschine pürieren.
2. Den Teller mit dem pürierten Fischfleisch auf eine Schüssel mit Eiswürfeln stellen und die Crème fraîche einarbeiten, salzen, pfeffern und kalt stellen.
3. Die Schalotte schälen, in Würfel schneiden und in der heißen Butter anschwitzen. Mit Sahne aufgießen und bei starker Hitze sämig einkochen. Die Muscheln dazugeben und mit Meerrettich, Salz und Pfeffer würzen.
4. Einen großen Topf, zwei Finger hoch mit Wasser gefüllt, in den Backofen stellen und auf 150° C vorheizen.
5. Boden und Seitenwände 4 gefetteter Timbaleförmchen von jeweils 200 ml Inhalt mit 3/4 der Fischfarce auskleiden, das abgekühlte Muschelragout in die Mitte geben und mit der restlichen Farce bedecken. Die Ränder gut festdrücken.
6. Mit gefetteter Alufolie verschließen und im Wasserbad etwa 15 Minuten garen.
7. Die Timbales entweder warm mit einer Sauce hollandaise oder abgekühlt auf einem Salat servieren.

Pro Person:
Kalorien (kcal) 350
Eiweiß (g) 21
Fett (g) 26
Kohlenhydrate (g) 3

Timbales sehen zwar kompliziert aus, sind aber auch für nicht so versierte Köche einfach zuzubereiten. Voraussetzung für das gute Gelingen ist lediglich eine gut gekühlte Fischmasse.
• Wenn Sie keine speziellen Timbaleförmchen besitzen, können Sie auch kleine Souffléeförmchen oder andere kleine feuerfeste Formen verwenden.

SCHNELLE TERRINE VON RÄUCHERFISCHEN

Sehr effektvoll, aber wesentlich schneller zubereitet als die gegarten Terrinen auf den vorhergehenden Seiten, sind kalt zubereitete Räucherfisch-Terrinen.
Nach diesem einfachen Grundrezept ist es möglich, aus allen beliebigen Räucherfischen eine Mousse herzustellen. Sie schmeckt als Füllung von Windbeuteln oder ausgehöhltem Weißbrot, nur so auf Toast oder – wie im nachfolgenden Rezept – als vornehme Terrine.

Für 8 Personen
Zubereitungszeit: 30 Minuten

- 4 Blatt weiße Gelatine
- 1/4 l Fischfond aus dem Glas
- 200 g Räucherlachs
- 200 g geräucherte Forellenfilets
- 250 g Crème fraîche
- Salz
- gemahlener weißer Pfeffer
- 50 g Forellenkaviar

1. Die Gelatine in kaltem Wasser einweichen. 3 EL Fischfond erhitzen und die eingeweichte, gut ausgedrückte Gelatine darin auflösen. Etwas abkühlen lassen, dann eine Terrinenform mit gerundetem Boden von 1 Liter Inhalt mit der Hälfte der Geleeflüssigkeit ausgießen (siehe Seite 27) und erstarren lassen.
2. Den Räucherlachs in Streifen schneiden und mit 100 g Crème fraîche in der Küchenmaschine fein pürieren.
3. Die Forellenfilets mit der restlichen Crème fraîche ebenfalls fein pürieren. Beide Cremes mit Salz und Pfeffer würzen.
4. Die Räucherlachsmasse vorsichtig in die mit Gelee ausgekleidete Form füllen und in die Mitte eine Mulde drücken. Den Forellenkaviar hineingeben und mit der Forellenmousse bedecken. Die Form auf ein feuchtes Tuch aufstoßen, damit keine Hohlräume entstehen. Mit der restlichen Geleeflüssigkeit begießen und für einige Stunden kalt stellen.
5. Gut gekühlt in Scheiben schneiden.

Pro Person:
Kalorien (kcal) 190
Eiweiß (g) 13
Fett (g) 14
Kohlenhydrate (g) 1

MAKRELENMOUSSE

Für 4 Personen
Zubereitungszeit: 15 Minuten

200 g Makrelenfilet
ohne Haut und Gräten
1 EL Frischkäse (70 % Fett i. Tr.)
Salz
gemahlener weißer Pfeffer
1 EL Orangensaft
2 EL geschlagene Sahne
1 EL grüne Pfefferkörner

1. Das Makrelenfilet mit dem Frischkäse in einer Küchenmaschine fein pürieren. Mit Salz, Pfeffer und Orangensaft abschmecken. Die Sahne sowie die grob gehackten Pfefferkörner unterziehen.
2. In Tontöpfchen füllen und mit Weißbrot oder Toast servieren.

Pro Person:
Kalorien (kcal) 150
Eiweiß (g) 11
Fett (g) 10
Kohlenhydrate (g) 0

RÄUCHERFISCHNOCKEN

Für 4 Personen
Zubereitungszeit: 15 Minuten

250 g geräucherter Stör
50 g Crème fraîche
Salz
frisch gemahlener Pfeffer
1 EL feingeschnittener Dill
50 g Keta-Kaviar
2 EL geschlagene Sahne
4 Dillzweige

1. Räucherfisch und Crème fraîche im Mixer fein pürieren.
2. Mit Salz und Pfeffer würzen und den Dill sowie den Keta-Kaviar untermischen. Die Sahne unterziehen und mit zwei nassen Eßlöffeln Nocken formen. Auf marinierten Salatblättern anrichten und mit je einem Dillzweig garnieren.

Pro Person:
Kalorien (kcal) 190
Eiweiß (g) 13
Fett (g) 14
Kohlenhydrate (g) 0

SÜLZE MIT FISCH UND MEERESFRÜCHTEN

Kochen ist Kunst! Dafür liefert diese phantasievoll arrangierte Tellersülze den klaren Beweis. Eingebettet in würzigem Fischgelee liegen Meerestiere neben Farbtupfern aus frischem Gemüse. Doch mit Hilfe der fertigen Fischfonds aus dem Glas ist diese Vorspeise rasch fertig und auch für Ungeübte kein Problem.

Für 4 Personen
Zubereitungszeit: 30 Minuten
Kühlzeit: ca. 1 1/2 Stunden

- 1 Scheibe Lotte (Seeteufel) von ca. 200 g
- 150 g Seezungenfilet
- 3 EL Öl
- 4 Garnelen mit Schale
- 16 ausgelöste Miesmuscheln
- Salz
- 1 EL Zitronensaft
- 6 Blatt weiße Gelatine
- 400 ml Fischfond aus dem Glas
- 4 cl trockener Wermut (z. B. Noilly Prat)
- 50 g Zuckerschoten
- 8 Cocktailtomaten
- 4 Basilikumblätter
- 4 kleine Dillzweige

1. Das Lottefleisch vom Mittelknochen lösen, die Hälften quer durchtrennen. Die Seezungenfilets in vier gleiche Stücke schneiden.
2. Das Öl in einer Pfanne erhitzen, die Fischfilets kurz anbraten, herausnehmen und beiseite stellen. Dann die Garnelen mit der Schale im Bratfett anbraten und zum Schluß die Muscheln kurz darin schwenken. Die Garnelen aus der Schale lösen und mit den Muscheln zu den Fischscheiben legen. Alles salzen und mit Zitronensaft beträufeln.
3. Die Gelatine in reichlich kaltem Wasser einweichen. Etwas Fischfond erhitzen und die gut ausgedrückte Gelatine darin auflösen. Mit dem restlichen Fischfond und dem Wermut vermischen.
4. Die Zuckerschoten in Salzwasser kurz blanchieren und in eiskaltem Wasser abkühlen lassen.
5. In vier tiefen Tellern Fischfilets, Garnelen, Muscheln, Zuckerschoten, Tomatenviertel und Kräuter hübsch anrichten.
6. Mit einem Eßlöffel vorsichtig 2/3 der abgekühlten Geleeflüssigkeit darüber verteilen. Kalt stellen, bis das Gelee fest geworden ist, dann die restliche Flüssigkeit darübergießen und erneut erstarren lassen. Mit einer Sauerampfersauce oder einer Kräutermayonnaise servieren.

Pro Person:
Kalorien (kcal) 220
Eiweiß (g) 30
Fett (g) 7
Kohlenhydrate (g) 4

Dieses Rezept soll lediglich eine Anregung sein. Sie können alle beliebigen Fische und Gemüse in Gelee hüllen – wichtig ist nur: Fisch und Gemüse müssen frisch und von bester Qualität sein!

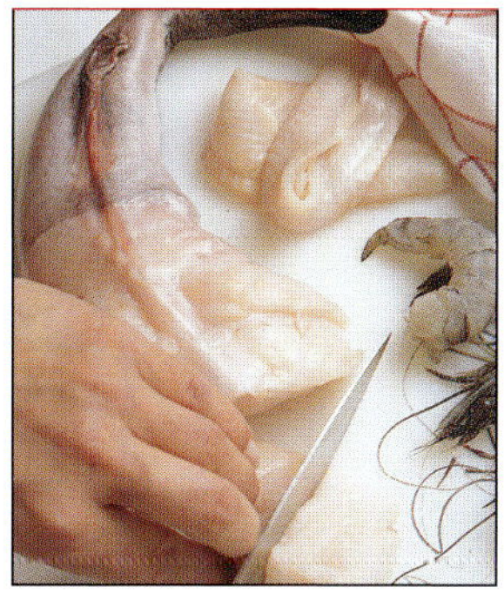

Fische vorbereiten
Mit einem scharfen, spitzen Messer den Knochen aus dem Fisch herauslösen. Die Lottescheibe quer halbieren. Fische und Garnelen kurz waschen und mit einem Tuch trockentupfen.

Fisch anbraten
Öl in einer beschichteten Pfanne erhitzen und erst die Fischfilets, dann die Garnelen darin kurz anbraten. Zum Schluß die Muscheln im Bratfett schwenken. Salzen und mit Zitronensaft beträufeln.

Anrichten der Fische
Fische und Meerestiere nach eigenem Geschmack auf vier tiefen Tellern hübsch anordnen. Mit den Zuckerschoten, den in Viertel geschnittenen Tomaten und den Kräutern garnieren.

Mit Gelee begießen
Mit einem Eßlöffel die Geleeflüssigkeit vorsichtig über die Teller verteilen. Nicht zuviel Flüssigkeit darübergießen, damit die festen Bestandteile nicht zu schwimmen beginnen.

Sülze fertigstellen
Sobald das Gelee erstarrt ist, die restliche Flüssigkeit darüber verteilen und erneut mindestens für 1 Stunde in den Kühlschrank stellen.

Fleisch

Vom hauchdünnen Carpaccio über die raffinierte Entenpastete bis zum herzhaften Wurstsalat – die Auswahl an möglichen Fleisch-Vorspeisen ist schier unerschöpflich.

CARPACCIO

Anläßlich einer Gedenkausstellung des italienischen Malers Vittore Carpaccio in Venedig wurde in Harry's Bar ein Fleischgericht erfunden, dessen dunkles Rot an die Lieblingsfarbe des Künstlers erinnern sollte. Dazu wurde eine spezielle Sauce kreiert, und nur mit dieser Sauce, deren Rezept ein Geheimnis der Familie Cipriani ist, darf sich hauchdünn aufgeschnittenes Rindfleisch aus der Oberschale eigentlich »Carpaccio« nennen. Dennoch heißt heute fast alles, was hauchdünn aufgeschnitten werden kann, Carpaccio.
Da es die Originalsauce nur in Venedig gibt, hier ein paar andere, sehr wohlschmeckende Carpaccio-Variationen.
Auch Fleisch vom Milchkalb schmeckt hauchdünn aufgeschnitten. Auf keinen Fall aber Hähnchenfleisch – und nach Anraten von Experten besser auch kein Fleisch von Wild – roh verzehren!

Für 4 Personen
Zubereitungszeit: 20 Minuten

300 g gut abgehangenes Rindfleisch aus der Oberschale oder Rinderfilet
150 g kleine Steinpilze
Saft von 1 Zitrone
Salz
5 bis 6 EL Olivenöl, kaltgepreßt
frisch gemahlener Pfeffer
80 g Parmesan

1. Das Rindfleisch in eine Plastikfolie hüllen und etwa 20 Minuten im Tiefkühlgerät leicht anfrieren lassen.
2. Mit einer elektrischen Schneidemaschine oder einem scharfen Messer in hauchdünne Scheiben schneiden. Zwischen Plastikfolie legen und mit der glatten Seite des Fleischklopfers vorsichtig plattklopfen. Auf vier gut gekühlten Tellern anordnen.
3. Die Pilze putzen, wenn nötig kurz waschen, in hauchdünne Scheiben schneiden und über die Fleischscheiben verteilen.
4. Zitronensaft und Salz so lange verrühren, bis sich das Salz gelöst hat. Dann unter weiterem Rühren das Öl dazugießen und die Marinade über das angerichtete Carpaccio träufeln.
5. Mit Pfeffer bestreuen und den Parmesan fein darüberhobeln.

Pro Person:
Kalorien (kcal) 300
Eiweiß (g) 23
Fett (g) 21
Kohlenhydrate (g) 2

Wenn's ganz besonders köstlich sein soll, nehmen Sie anstelle der Steinpilze frische Trüffel, für eine einfachere Version Champignons.
• Das Fleisch läßt sich zwar besser schneiden, wenn es leicht angefrostet ist, es darf aber keinesfalls zu stark gefroren sein, da es sonst an Geschmack verliert!

Aufschneiden des Fleisches
Man kann Fleisch nur dünn aufschneiden, wenn es eiskalt ist. Daher das Fleisch vorher für etwa 20 Minuten in das Tiefkühlfach legen. Dann mit einem scharfen Messer oder mit einer Schneidemaschine in dünne Scheiben schneiden.

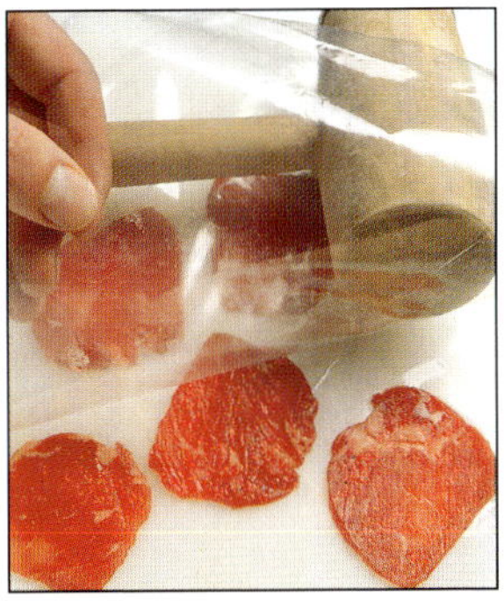

Plattklopfen
Damit die Scheiben wirklich hauchdünn werden, legt man sie am besten zwischen Frischhaltefolie oder zwei Gefrierbeutel und klopft sie mit der platten Seite des Fleischklopfers in Form.

Anrichten
4 gut gekühlte Teller kreisförmig und leicht überlappend völlig mit den hauchdünnen Fleischscheiben belegen.

Marinade zubereiten
Salz mit Zitronensaft so lange mit einem kleinen Schneebesen verrühren, bis sich das Salz völlig aufgelöst hat. Dann nach und nach das Öl dazugießen.

Anrichten
Die Fleischscheiben mit den in Scheiben geschnittenen Pilzen belegen und mit der Marinade beträufeln. Mit frisch gemahlenem Pfeffer und gehobeltem Parmesan bestreuen.

Carpaccio mit Basilikum
Rindfleisch mit einer Sauce aus 1 TL feinem Senf, Salz, 1 durchgepreßten Knoblauchzehe, 1 EL Aceto Balsamico und 5 EL kaltgepreßtem Olivenöl beträufeln. Mit Pfeffer, Parmesan, gehackter Schalotte und Basilikum bestreuen.

Carpaccio mit Wildkräutern
Das Fleisch leicht salzen und pfeffern, mit 4 EL kaltgepreßtem Olivenöl beträufeln und in die Mitte einen würzig angemachten Salat aus Brunnenkresse, Rucola oder einer Mischung aus Wildkräutern häufen.

Carpaccio mit Thunfisch
Das Fleisch mit einer Marinade aus Salz, 1 EL Schalottenessig, 1 TL Aceto Balsamico und 5 EL kaltgepreßtem Olivenöl beträufeln und mit 1 EL Schalottenwürfeln, 80 g zerpflücktem Thunfisch und gemahlenem Pfeffer bestreuen.

Carpaccio mit Pinienkernen
Das Fleisch mit einer Marinade aus Salz, Saft von 1 Zitrone, 1 geriebener Knoblauchzehe, 5 EL Olivenöl und 1 EL Nußöl beträufeln. Mit 50 g gerösteten Pinienkernen und 2 EL geschnittenem Basilikum bestreuen.

Carpaccio mit Staudensellerie
Das Fleisch mit einer Marinade aus Salz, Saft von 1 Zitrone und 1/2 Orange, 4 EL Olivenöl und 2 EL Kürbiskernöl beträufeln. Mit dünn geschnittenen Scheibchen von Staudensellerie belegen und Parmesan darüberhobeln.

SALATE AUS GEGARTEM FLEISCH

Rindfleischsalat ist nicht nur eine schmackhafte Art der Resteverwertung und eine beliebte, erfrischende Mahlzeit an heißen Sommertagen – feingeschnitten, mit Gemüse vermischt und mit einer würzigen Vinaigrette mariniert, ist er auch eine wohlschmeckende, stets willkommene Vorspeise.

Für 4 Personen benötigt man ca. 300 g gegartes Fleisch

- Ideal dafür geeignet ist gekochtes Rindfleisch, entweder Tafelspitz, von der Nuß oder aus der Keule. Das Fleisch muß weich und zart sein.
- Dünne Scheiben von gebratenem Roastbeef sind ebenfalls eine gute Basis für nebenstehende Vorschläge.
- Wenn es eine besonders edle Vorspeise sein soll, pochieren Sie 300 g Rinderfilet so, daß es innen noch rosa ist.

Zutaten für eine Vinaigrette

2 EL Essig nach Wahl
Salz, frisch gemahlener Pfeffer
3 bis 4 EL kräftige Fleischbrühe
oder Weißwein
6 EL Olivenöl, kaltgepreßt

Alle Zutaten, wie auf Seite 29 beschrieben, gut miteinander vermischen.

Grundrezept:

Gekochtes Rindfleisch

2 Fleischknochen vom Rind
1 Zwiebel
1 Bund Suppengrün
(Möhre, Lauch, Petersilienwurzel, Sellerie)
2 l Wasser
500 g Rindfleisch (Tafelspitz oder aus der Keule)
Salz
einige Pfefferkörner

1. Die Fleischknochen waschen. Die Zwiebel schälen und quer halbieren. Das Suppengrün waschen.
2. Die beiden Zwiebelhälften mit der Schnittfläche nach unten in einem großen Suppentopf ohne Fett goldbraun anrösten. Die Knochen und das Suppengrün dazugeben und mit Wasser aufgießen. Langsam erhitzen und den aufsteigenden Schaum mit einem Schaumlöffel abschöpfen.
3. Sobald das Wasser kocht, das Fleisch hineingeben. Salzen und die Pfefferkörner hinzugeben.
4. Bei schwacher Hitze in etwa $1^1/_2$ Stunden weich kochen.
5. Das Fleisch in der Brühe erkalten lassen und dann, wie in den nebenstehenden Rezepten beschrieben, weiterverarbeiten.

Pro Person:
Kalorien (kcal) 200
Eiweiß (g) 26
Fett (g) 9
Kohlenhydrate (g) 0

Rindfleisch mit grünem Spargel
(links oben)
250 g grünen Spargel putzen und entweder schräg in dünne Scheiben schneiden oder der Länge nach in dünne Streifen hobeln. Das Fleisch dünn aufschneiden und 4 Teller damit belegen. Den Spargel darüber verteilen. 2 hartgekochte, in Würfel geschnittene Eier darüberstreuen und mit der Vinaigrette begießen. Mit fein geschnittenem Schnittlauch bestreuen. Mindestens 15 Minuten durchziehen lassen. Sehr gut eignet sich für diese Version rosa pochiertes Rinder- oder Kalbsfilet.

Rindfleisch mit Shiitake-Pilzen
(links unten)
250 g kleine Shiitake-Pilze putzen. 2 Schalotten in 30 g Butter glasig braten, die Pilze hinzufügen und kurz anschwitzen. Mit dem in feine Streifen geschnittenen Rindfleisch sowie 2 EL frisch gehackten Frühlingskräutern vermischen und mit einer Vinaigrette begießen. Etwa 30 Minuten durchziehen lassen. 8 Cocktailtomaten halbieren und unter den Pilz-Fleisch-Salat mischen. Vier Teller mit marinierten Salatblättern auslegen und den Rindfleischsalat darauf anrichten.

Rindfleisch mit Gemüsejulienne
(rechts oben)
1 Möhre, 100 g Knollensellerie, 1 Kohlrabi putzen, schälen und erst in dünne Scheiben, dann in ca. 6 cm lange, feine Streifen schneiden. Das zarte Grün der Möhre und des Kohlrabis fein hacken. Die Gemüsejulienne kurz in kochender Fleischbrühe blanchieren und mit der Vinaigrette marinieren. Das Fleisch in dünne Scheiben schneiden und auf vier Tellern anrichten. Das Gemüse in die Mitte geben, jeweils 1 EL Sauce hollandaise, siehe Rezept Seite 29 darüber verteilen und mit den gehackten Gemüseblättern bestreuen.

Rindfleisch mit Rucola und Parmesan
(rechts unten)
1 Bund Rucola putzen, waschen und in Stücke zerpflücken. Mit 1 feingehackten Schalotte vermischen und mit der Vinaigrette anmachen. Das Fleisch in dünne Scheiben schneiden, auf vier Teller verteilen und mit 2 EL kaltgepreßtem Olivenöl beträufeln. Den Salat darauf arrangieren und 80 g Parmesan darüberhobeln.
Für diese Vorspeise eignet sich auch gekochtes Kalbsherz oder Schweinefilet.
Frischer junger Sauerampfer anstelle des Rucolas schmeckt auch sehr gut.

VITELLO TONNATO

Vitello tonnato ist eine Spezialität aus der Lombardei und dem Piemont. Die harmonische Kombination von Fleisch und Fisch hat mittlerweile auch bei uns, vor allem als beliebte sommerliche Vorspeise, ihre Freunde gefunden.
Das Fleisch – vorzugsweise eine Kalbsnuß – schmeckt besonders gut, wenn man es für einen Tag in eine Marinade aus Weißwein und Kräutern legt. Wenn Sie das Fleisch schon einen Tag vor dem Servieren kochen, unbedingt im Kochsud lassen, damit es saftig bleibt.

Für 10 bis 12 Personen
Zubereitungszeit: 30 Minuten
Koch- und Abkühlzeit: mindestens 3 Stunden

- 1 Zwiebel
- 1 Möhre
- 2 Stangen Staudensellerie
- 1/2 l trockener Weißwein
- 1 Zweig Rosmarin
- 2 Lorbeerblätter
- Salz
- 1 kg Kalbsnuß
- 3 Eigelb
- 200 ml Olivenöl, kaltgepreßt
- Saft von 1 Zitrone
- 3 EL Kapern
- 4 in Öl eingelegte Sardellen
- 2 Dosen Thunfisch in Öl
- (300 g Fischgewicht)
- frisch gemahlener Pfeffer

1. Die Zwiebel schälen und vierteln, Möhre und Selleriestangen putzen, waschen und in Stücke schneiden. Mit Weißwein, derselben Menge Wasser und etwas Salz zum Kochen bringen.
2. Das Fleischstück mit den Kräutern in ein Baumwolltuch hüllen und mit Küchengarn verschnüren.
3. Das Fleischpaket in den kochenden Sud geben und bei schwacher Hitze in etwa 1 Stunde 30 Minuten garen. Im Sud erkalten lassen.
4. Für die Thunfischsauce aus 3 Eigelb und 3/4 des Öls eine Mayonnaise zubereiten (siehe Seite 29) und mit Zitronensaft und Salz würzen.
5. 1 EL Kapern, die Sardellenfilets und das abgetropfte Thunfischfleisch im Mixer pürieren und dabei das restliche Olivenöl hinzufügen.
6. Die Thunfisch-Öl-Mischung durch ein Sieb streichen und mit der Mayonnaise verrühren.
7. Das abgekühlte Fleisch aus dem Sud nehmen, auspacken und in möglichst dünne Scheiben schneiden.
8. Auf einer großen Platte anrichten, mit Thunfischsauce begießen und mit den restlichen Kapern bestreuen.

Pro Person:
Kalorien (kcal) 410
Eiweiß (g) 29
Fett (g) 30
Kohlenhydrate (g) 0

Wichtig für den optimalen Geschmack ist eine selbstgemachte Mayonnaise aus gutem Olivenöl.

Sud kochen
Vorbereitetes, kleingeschnittenes Gemüse und Gewürze in einen Topf geben und mit 1/2 l Weißwein und 1/2 l Wasser zum Kochen bringen.

Fleisch einpacken
Das Fleisch mit den Kräutern belegen, in ein kochfestes Baumwolltuch hüllen und mit Küchengarn verschnüren. Das Fleischpaket im Sud bei schwacher Hitze garen.

Sauce vorbereiten
1 EL Kapern mit den Sardellenfilets und dem gut abgetropften Thunfisch im Mixer fein pürieren, dabei langsam das restliche Öl dazugießen. Es soll eine halbflüssige, cremige Mischung entstehen.

Sauce fertigstellen
Die Thunfisch-Mischung durch ein Sieb streichen und mit der vorbereiteten Mayonnaise gründlich verquirlen. Mit Salz und Pfeffer würzen. Falls die Sauce zu dickflüssig ist, mit etwas Kochbrühe verdünnen.

Fleisch anrichten
Das abgekühlte Fleisch in sehr dünne Scheiben schneiden und auf einer mit etwas Sauce begossenen Platte anrichten. Mit der restlichen Sauce bedecken und mit Kapern bestreuen.

HÄHNCHENBRUST MIT THUNFISCHCREME

Auch Hähnchenfleisch harmoniert sehr gut mit dem feinen Thunfischgeschmack. Ebenso kann man eine ganze Poularde, ähnlich wie im vorhergehenden Grundrezept beschrieben, kochen, das Geflügel entbeinen und in Stücke geschnitten mit der Thunfischsauce bedecken. Das nachfolgende Rezept ist die schnelle Version eines »Vitello tonnato« – oder besser gesagt, eines »Gallo tonnato«!

Für 8 Personen
Zubereitungszeit: 30 Minuten
Koch- und Abkühlzeit:
mind. 1 Stunde 15 Minuten

- 500 g Hühnerklein
- 1 Bund Suppengrün
- 1 Lorbeerblatt
- 1 Zweig Thymian
- 1/2 l trockener Weißwein
- Salz
- 4 bis 5 Pfefferkörner
- 4 ausgelöste Hähnchenbrusthälften
- 2 Eigelb
- 150 ml Olivenöl, kaltgepreßt
- 2 mittelgroße Essiggurken
- 2 EL Kapern
- 3 Sardellenfilets in Öl
- 1 Dose Thunfisch in Öl (150 g Fischgewicht)
- 1 EL Weißweinessig
- einige gewaschene Salatblätter
- 2 hartgekochte Eier
- 1 EL gehackte Petersilie

1. Das Hühnerklein waschen und mit dem gewaschenen, kleingeschnittenen Suppengrün sowie den Kräutern in einen Topf geben. Mit Wein und derselben Menge Wasser begießen. Salzen, die Pfefferkörner dazugeben und etwa 30 Minuten köcheln lassen.
2. Die Hühnerbrühe durch ein Sieb gießen, erneut zum Kochen bringen. Die Brustfilets darin in etwa 5 bis 6 Minuten gar ziehen, dann in der Brühe erkalten lassen.
3. Aus 2 Eigelb und 100 ml Öl eine Mayonnaise, wie auf Seite 29 beschrieben, zubereiten. 1 Essiggurke, 1 EL Kapern, Sardellen und Thunfisch im Mixer pürieren, mit dem restlichen Öl und dem Weißweinessig vermischen und wie im vorhergehenden Grundrezept weiterverarbeiten.
4. Die gegarten, abgekühlten Hähnchenbrüste schräg in dünne Scheiben schneiden. Auf einer mit Salat ausgekleideten Platte anrichten und mit der würzig abgeschmeckten Sauce begießen.
5. Die restliche Essiggurke und die Eier in kleine Würfel schneiden. Mit den zurückbehaltenen Kapern und der Petersilie über die Sauce verteilen.

Pro Person:
Kalorien (kcal) 345
Eiweiß (g) 22
Fett (g) 26
Kohlenhydrate (g) 0

Ganz Eilige garen die Hühnerbrüstchen in einem fertigen Hühnerfond aus dem Glas und mischen das Thunfisch-Kapern-Gurkenpüree unter eine gekaufte Mayonnaise.

HÄHNCHENBRUST MIT PAPRIKACREME

Hat man erst einmal gekochte Hähnchenbrüste oder Kalbfleisch wie im Grundrezept auf Seite 81 zubereitet, kann man anstelle der Thunfischsauce auch eine würzige Gemüsecreme, z.B. aus Zucchini, Broccoli oder – wie im nachfolgenden Rezept – aus geschmorten Paprikaschoten verwenden, um das Fleisch damit auf immer neue, originelle Weise zu überziehen.

Für 8 Personen
Zubereitungszeit: 40 Minuten
Koch- und Abkühlzeit:
mind. 1 Stunde 15 Minuten

- 500 g Hühnerklein
- 1 Bund Suppengrün
- 1 Lorbeerblatt
- 1 Zweig Thymian
- 1/2 l trockener Weißwein
- 4 ausgelöste Hähnchenbrusthälften
- 3 rote Paprikaschoten
- 1 Zwiebel
- 1 bis 2 Knoblauchzehen
- 4 EL Olivenöl
- 1 Stückchen getrocknete Pfefferschote
- Salz
- frisch gemahlener Pfeffer
- 1 EL Aceto Balsamico
- 12 mit Paprika gefüllte Oliven

1. Wie im nebenstehenden Rezept eine Brühe zubereiten. Die Brustfilets darin garen und abkühlen lassen.
2. Währenddessen die Paprikaschoten waschen, halbieren, Stengelansätze und Kerne entfernen und die Hälften in Streifen schneiden. Zwiebel und Knoblauch schälen und in Würfel schneiden.
3. Das Öl in einer Pfanne erhitzen und das Gemüse darin unter Rühren bei mittlerer Hitze anbraten. Die Pfefferschote dazugeben, mit Salz und Pfeffer würzen und mit Essig und 3 bis 4 EL Hühnerbrühe aufgießen. Zugedeckt etwa 8 bis 10 Minuten schmoren.
4. Die Paprikamischung im Mixer fein pürieren und durch ein Sieb streichen. Falls nötig, mit etwas Brühe verdünnen und würzig abschmecken.
5. Die Hähnchenbrüste schräg in dünne Scheiben schneiden, auf einer Platte anrichten und mit der Paprikacreme begießen. Die in Scheiben geschnittenen Oliven darüberstreuen.

Pro Person:
Kalorien (kcal) 120
Eiweiß (g) 15
Fett (g) 5
Kohlenhydrate (g) 2

Anstelle der Oliven kann man das pikante Geflügelgericht auch mit feingeschnittenem Basilikum oder mit Kapern bestreuen. Sehr apart schmeckt die Sauce auch aus gelben Paprikaschoten.

GEFÜLLTE HACKFLEISCH-BÄLLCHEN

Fleischbällchen lassen sich leicht vorbereiten und schmecken Groß oder Klein. Je nach Fleischsorte, Füllung oder Panade läßt sich ihr Geschmack immer wieder abwandeln. Mit ein paar würzigen Saucen zum Dippen bilden sie ideale Partysnacks!

Für ca. 40 Bällchen
Zubereitungszeit: 40 Minuten

Grundrezept:

Für den Grundteig:
500 g Hackfleisch
1 Ei
Zur Lockerung:
1 in Wasser eingeweichtes, gut ausgedrücktes Brötchen oder 2 EL gekochter Reis oder 2 EL Paniermehl und 2 EL Sahne
Außerdem:
Füllung, Gewürze, Kräuter und Panade nach Wahl
Öl zum Ausbacken

1. Das Hackfleisch mit Ei und mit einem der Lockerungsmittel gründlich verkneten.

2. Falls Zwiebel-, Schalotten- oder Knoblauchwürfel hinzukommen, diese vorher kurz in 1 EL Öl glasig braten, dann zum Fleisch geben.

3. Gewürze und Kräuter hinzufügen, salzen und pfeffern.

4. Von der Masse kleine Mengen abnehmen und in der Hand flachdrücken. Füllen, zu Bällchen formen und in der Panade wenden.

5. Das Fritierfett am besten in einer elektrischen Friteuse auf 175° C erhitzen und die Bällchen portionsweise fritieren.

6. Warm oder kalt mit beliebigen Cocktailsaucen anbieten.

Pro Bällchen (ungefähr):
Kalorien (kcal) 25 bis 50
Eiweiß (g) 3 bis 4
Fett (g) 0 bis 4
Kohlenhydrate (g) 0

Füllen der Fleischbällchen
Mit einem kleinen Löffel etwas vom Fleischteig abstechen, in die Mitte eine Mulde drücken und die gewünschte Füllung hineingeben. Mit nassen Händen zu Kugeln von etwa 3 cm Durchmesser formen.

Panieren der Fleischbällchen
Die jeweilige Panade auf einen tiefen Teller geben und die Bällchen einzeln darin wenden. Die Panade mit den Händen gut festdrücken.

Würzige Fleischbällchen
(links oben)
500 g gehacktes Rindfleisch, 2 Eier und 1 eingeweichtes, ausgedrücktes Brötchen miteinander verkneten. 2 EL Zwiebelwürfel in 1 EL Öl glasig braten und zusammen mit 2 EL gehackter Petersilie, 1 TL gerebeltem Majoran, Salz und frisch gemahlenem Pfeffer unter die Fleischmasse mischen.
Die Bällchen jeweils mit 1 kleinen Hartkäsewürfel füllen, in Paniermehl wenden und portionsweise fritieren.

Feine Kalbfleischbällchen
(links unten)
500 g gehacktes Kalbfleisch, 1 Ei, 2 EL Paniermehl und 2 EL Sahne miteinander verkneten. 1 EL Schalottenwürfel in etwas Öl glasig braten und zusammen mit der abgeriebenen Schale von 1/2 Zitrone, 2 EL gehackten Basilikumblättern, Salz und frisch gemahlenem Pfeffer unter die Fleischmasse mischen.
Die Bällchen jeweils mit 1 Mozzarellawürfel füllen, mit ungesüßten, zerbröselten Cornflakes panieren und fritieren.

Türkische Lammfleischbällchen
(rechts oben)
500 g gehacktes Lammfleisch, 1 Ei und 2 EL gekochter Reis miteinander verkneten.
2 gehackte Knoblauchzehen in etwas Öl glasig dünsten und zusammen mit je 1 Msp. gemahlenem Zimt, Kreuzkümmel und Koriander und 1 TL feingehackter Minze unter die Fleischmasse mischen.
Die Bällchen jeweils mit 1 Schafskäsewürfel füllen, mit Sesamsamen panieren und fritieren.

Indische Fleischbällchen
(rechts unten)
500 g gehacktes Geflügelfleisch, 1 Ei und 2 EL Paniermehl miteinander verkneten. Mit 2 EL Fino-Sherry, 1 TL Curry, 1/2 TL geraspeltem Ingwer, Cayennepfeffer, Salz, frisch gemahlenem Pfeffer und 1 bis 2 EL gehackten Pistazien abschmecken.
Die Bällchen jeweils mit 1 Schafskäsewürfel füllen, mit Mandelblättchen panieren und fritieren.

GEMISCHTER SALAT MIT GEBRATENEM HASENFILET

Die Franzosen waren sicher die ersten, die Salat mit einem Stück heißem, gebratenem Fleisch krönten. Doch Feinschmecker gibt es überall. Sie erlauben statt Hasenfilet durchaus auch Fasanen- oder Entenbrust, wenn das Fleisch frisch aus der Pfanne kommt.

Für 4 Personen
Zubereitungszeit: 25 Minuten

150 g zarte junge Bohnen, am besten Kenia-Bohnen
Salz
200 g gemischte Salatblätter
100 g Champignons oder Egerlinge
1 kleine, aromatische Birne, z. B. Williams Christ
Saft von 1/2 Zitrone
200 g Hasenfilet
frisch gemahlener Pfeffer
2 EL Öl
1 EL Madeira
1 TL feinwürziger Senf
1 TL Aceto Balsamico
2 EL guter Rotweinessig
3 EL trockener Rotwein
4 EL Sonnenblumenöl
1 EL Walnußöl
2 EL gehackte Walnüsse

1. Die Bohnen waschen, die Enden abknipsen. In kochendem Salzwasser in etwa 4 bis 5 Minuten bißfest kochen. Danach sofort in einer Schüssel mit eiskaltem Wasser abschrecken.
2. Die Salatblätter verlesen, kurz waschen und trocknen. Die Blätter in mundgerechte Stücke zerpflücken und in eine Schüssel geben.
3. Die Pilze putzen und in hauchdünne Scheiben schneiden, die Birne schälen, halbieren, entkernen und der Länge nach in dünne Spalten schneiden. Beides mit Zitronensaft beträufeln.
4. Das Hasenfilet, falls nötig, enthäuten, mit Salz und Pfeffer einreiben. Das Öl in einer Pfanne erhitzen und das Filet von allen Seiten 3 bis 5 Minuten scharf anbraten. Dann in Alufolie verpacken. Den Bratfond mit Madeira ablöschen, aufkochen und die Pfanne von der Kochstelle nehmen.
5. Aus Senf, Salz, den beiden Essigsorten, Rotwein und Ölen eine Vinaigrette zubereiten. Mit zwei Drittel davon die Salatblätter marinieren und auf vier Teller verteilen. Mit Birnenspalten, Bohnen, Pilzen und dem in dünne Scheiben geschnittenen Hasenfilet belegen.
6. Die restliche Vinaigrette mit dem Bratensaft verrühren und den Salat damit beträufeln. Mit gehackten Walnüssen bestreut sofort servieren.

Pro Person:
Kalorien (kcal) 275
Eiweiß (g) 14
Fett (g) 20
Kohlenhydrate (g) 7

Ersetzen Sie einmal das Wildhasenfilet durch Kaninchenfilet. Die Vinaigrette dann mit Weißwein- und Sherryessig und trockenem Weißwein zubereiten.

Salatauswahl
200 g zarte Salatblätter nach Jahreszeit auswählen, z. B. Frisée, Kopfsalat, Lollo rosso, Feldsalat, Spinatblätter, Eichblattsalat, Radiccio, Rucola, Sauerampfer oder Kresse.

Salat vorbereiten
Salatblätter gründlich verlesen, dicke harte Rippen oder welke Stellen entfernen. Kurz in reichlich Wasser waschen und in einer Salatschleuder trockenschleudern.

Fleisch einpacken
Damit das Filet nicht austrocknet, brät man es nur sehr kurz und läßt es am besten, fest mit Alufolie umhüllt, einige Minuten nachgaren, was jedem Filet gut bekommt.

Fleisch aufschneiden
Das Filet aus der Umhüllung nehmen und den dabei entstandenen Saft ebenfalls mit der Vinaigrette vermischen. Das Fleisch mit einem scharfen Messer schräg in dünne Scheiben schneiden.

Salat anrichten
Den marinierten Salat auf vier Teller verteilen, mit dem vorbereiteten Gemüse, den Fruchtspalten und dem Fleisch belegen und mit der Mischung aus Bratensaft und Vinaigrette beträufeln. Mit Nüssen bestreuen.

SALAT MIT FASANENBRUST

Für 4 Personen
Zubereitungszeit:
ca. 25 Minuten

- 100 g Knollensellerie
- 1 großer säuerlicher Apfel
- 1 ausgelöste Fasanenbrust
- 2 EL Öl, Salz
- frisch gemahlener Pfeffer
- 1 EL Amontillado-Sherry
- Vinaigrette *(aus 1 TL Sherry-Essig, 2 EL Weißweinessig, 4 EL Sonnenblumenöl, 1 EL Walnußöl, Salz)*
- 200 g gemischte Salatblätter
- 2 EL gehackte, geröstete Pistazien

1. Sellerie und Apfel schälen und in feine Streifen schneiden.
2. Die Fasanenbrust salzen und pfeffern und in Öl anbraten. In Alufolie einwickeln, den Fond mit Sherry aufgießen.
3. Die Vinaigrette zubereiten, den Bratfond dazugeben und über den Salat verteilen.
Die Fasanenbrust in Scheiben schneiden, den Salat damit belegen und mit Pistazien bestreuen.

Pro Person:
Kalorien (kcal) 335
Eiweiß (g) 18
Fett (g) 24
Kohlenhydrate (g) 79

SALAT MIT ENTENBRUST

Für 4 Personen
Zubereitungszeit:
ca. 25 Minuten

- 1 ausgelöste Entenbrust
- Salz, frisch gemahlener Pfeffer
- 1 EL Öl
- 1 TL Orangenmarmelade
- 1 EL Cognac
- 4 Frühlingszwiebeln, in feine Scheiben geschnitten
- 1/2 Mango, in feine Spalten geschnitten
- 200 g gemischte Salatblätter
- Vinaigrette *(aus 2 EL Orangensaft, 1 EL Schalottenessig, 4 EL Sonnenblumenöl, 1 EL Walnußöl, Salz)*
- 2 EL geröstete Pinienkerne

1. Die gewürzte Entenbrust in heißem Öl 6 bis 8 Minuten scharf anbraten. Dann die Hautseite mit Orangenmarmelade bestreichen und im vorgeheizten Backofen bei 200 °C in ca. 8 Minuten knusprig braten.
2. Die Entenbrust herausnehmen und den Bratfond mit Cognac ablöschen.
3. Zwiebelscheiben und Mangospalten unter den Salat mischen. Die Vinaigrette zubereiten, den Bratfond hinzufügen und über dem Salat verteilen. Mit Entenbrustscheiben und Pinienkernen belegen.

Pro Person:
Kalorien (kcal) 400
Eiweiß (g) 16
Fett (g) 31
Kohlenhydrate (g) 9

SALAT MIT PERLHUHNBRUST

Für 4 Personen
Zubereitungszeit:
ca. 25 Minuten

- 1 ausgelöste Perlhuhnbrust
- Salz, frisch gemahlener Pfeffer
- 2 EL Öl, 1 EL Fino-Sherry
- 2 Stangen Staudensellerie
- Fruchtfilets von
- 2 rosa Grapefruits
- 200 g gemischte Salatblätter
- Vinaigrette *(aus 1 EL Aceto Balsamico, 2 EL Schalottenessig, 2 EL halbtrockener Wein, 4 EL Traubenkernöl, grob gemahlener rosa Pfeffer, Salz)*
- 2 EL geröstete Sonnenblumenkerne

1. Die Geflügelbrust salzen und pfeffern, im heißen Öl anbraten. Mit Alufolie umhüllen, den Bratfond mit Sherry ablöschen.
2. Staudensellerie in Scheiben schneiden. Mit den Grapefruitspalten unter den Salat mischen.
3. Aus den angegebenen Zutaten eine Vinaigrette zubereiten, den Bratfond dazugeben und über den Salat verteilen.
4. Die Geflügelbrust in Scheiben schneiden, auf den Salat geben und mit rosa Pfeffer und Sonnenblumenkernen bestreuen.

Pro Person:
Kalorien (kcal) 220
Eiweiß (g) 19
Fett (g) 11
Kohlenhydrate (g) 9

SALAT MIT GEFLÜGELLEBER

Für 4 Personen
Zubereitungszeit:
ca. 25 Minuten

- 4 Tomaten
- 200 g Geflügelleber
- 2 EL Öl
- Salz
- frisch gemahlener Pfeffer
- etwas gerebelter Thymian
- 1 EL Portwein
- Vinaigrette *(aus 1 TL feinwürziger Senf, 1 TL Aceto Balsamico, 2 EL Rotweinessig, 3 EL Rotwein, 4 EL Sonnenblumenöl, Salz)*
- 200 g gemischte Salatblätter
- 50 g durchwachsener Räucherspeck, in Würfel geschnitten
- 2 EL gehackte Petersilie

1. Die Tomaten blanchieren, häuten, entkernen und in kleine Würfel schneiden.
2. Die Geflügelleber in heißem Öl scharf anbraten. Mit Salz, Pfeffer und Thymian würzen und mit Portwein aufgießen.
3. Aus den angegebenen Zutaten eine Vinaigrette zubereiten, den Bratfond dazugeben und über den Salat verteilen.
4. Die Speckwürfel in einer Pfanne kroß braten und mit der Geflügelleber, den Tomatenwürfeln und der Petersilie über den Salat verteilen.

Pro Person:
Kalorien (kcal) 350
Eiweiß (g) 15
Fett (g) 26
Kohlenhydrate (g) 7

ENTENPASTETE

Pasteten und Terrinen unterscheiden sich nur durch ihre Umhüllung. Jede Farce, ob aus Fleisch, Wild, Geflügel oder Fisch, die mit einem Teig umhüllt gebacken wird, heißt in der Fachsprache Pastete, ohne Teigmantel Terrine.
Eine gute Pastete herzustellen ist zwar etwas zeitaufwendig und erfordert auch ein wenig Kocherfahrung, hat aber den Vorteil, daß man sie gut vorbereiten kann. Am Tag der Einladung braucht die Pastete nur noch aufgeschnitten zu werden.

Für 12 bis 14 Personen
Zubereitungs- und Marinierzeit: ca. 3 Stunden

Für den Pastetenteig:
600 g Mehl
1 TL Salz
300 g Butter oder Schmalz
ca. 1/8 l eiskaltes Wasser

Für die Farce:
1 Ente von ca. 2 kg
1 Entenleber oder
2 Geflügellebern
250 g Schweinebauch
4 cl Portwein
Saft von 1/2 Orange
1 TL frische Thymianblättchen
frisch gemahlener Pfeffer
30 g Rosinen
2 cl Grand Marnier
2 EL Öl
1 Lorbeerblatt
6 bis 8 Pfefferkörner
1 Zwiebel
4 cl Cognac
1 l Wasser
1/4 l trockener Rotwein
Salz
250 g roher fetter Speck
abgeriebene Schale
von 1 Orange
je 1 Msp. gemahlener
Ingwer, Nelken und Muskat
2 Eier
60 g Pistazien
20 g Butter
1 Eigelb
4 Blatt Gelatine

Pro Person:
Kalorien (kcal) 1040
Eiweiß (g) 40
Fett (g) 75
Kohlenhydrate (g) 40

Besonders dekorativ sieht die Pastete aus, wenn Sie die Leberstücke mit dünn geschnittenen rohen Speckscheiben umhüllen.

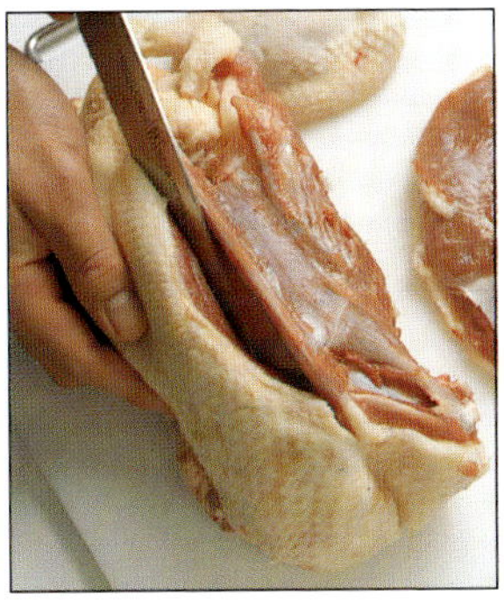

Ente vorbereiten
Entenbrüste auslösen, die Ente entbeinen, das Fleisch von Haut und Sehnen befreien und kleinschneiden.
Teig nach Anleitung auf Seite 26 zubereiten und kalt stellen.

Marinieren
Enten-, Schweinefleisch und die Leber mit Portwein, Orangensaft, Pfeffer und 1 TL Thymian 1 Stunde marinieren.
Die Rosinen in Grand Marnier einweichen.

Fond vorbereiten
Die Parüren fein hacken und in heißem Öl scharf anbraten. Lorbeerblatt, Pfeffer und die in kleine Würfel geschnittene Zwiebel dazugeben und kurz mitrösten.

Fond kochen
Den Fond mit Cognac ablöschen und mit Wasser und Rotwein aufgießen. Salzen und zugedeckt 30 Minuten bei schwacher Hitze köcheln lassen.

Farce herstellen
Aus mariniertem Fleisch, Speck, Orangenschale, Gewürzen und Eiern die Farce herstellen (siehe Seite 26) und die Rosinen samt Einweichflüssigkeit sowie die Pistazien dazugeben.
Die Leber in Butter anbraten.

In die Form füllen
Eine Pastetenform mit Teig auskleiden (siehe Seite 26). Die Hälfte der Farce einfüllen und vor allem in den Ecken gut festdrücken.

Mit Leber belegen
Die gebratene, abgekühlte Leber halbieren und nach Belieben mit Speckscheiben umhüllen. In die Mitte legen und mit der restlichen Farce gleichmäßig bedecken und gut festdrücken.

Pastete verschließen
Mit dem Teig verschließen, wie auf Seite 27 beschrieben, und mit einem verquirlten Eigelb bestreichen. Bei 220° C 15 Minuten backen. Dann die Hitze auf 180° C reduzieren und in etwa 40 Minuten goldbraun und gar backen.

Gelee herstellen
Den Entenfond durch ein mit einem Mulltuch ausgelegtes Sieb gießen und auf $^1/_4$ l einkochen lassen. Wie auf Seite 27 beschrieben, mit Gelatine binden.

Gelee einfüllen
Die etwas abgekühlte Geleeflüssigkeit durch den Kamin in die abgekühlte Pastete gießen, einige Stunden kühl stellen, bis das Gelee erstarrt ist.

PASTETCHEN MIT KALBFLEISCH-MORCHEL-RAGOUT

Für 4 Personen
Zubereitungszeit:
1 Stunde 20 Minuten

- 30 g getrocknete Morcheln
- 300 g Kalbfleisch aus der Keule
- Salz
- $^{1}/_{2}$ Bund Suppengrün
- 1 Stückchen Zitronenschale
- einige Pfefferkörner
- 20 g Butter
- 2 cl Cognac
- $^{1}/_{4}$ l Sahne
- 2 Eigelb
- $^{1}/_{2}$ Bund glatte Petersilie
- 4 fertig gekaufte kleine Blätterteigpastetchen

1. Die Morcheln etwa 1 Stunde in $^{1}/_{4}$ l kaltem Wasser einweichen.
2. Das Kalbfleisch in kochendes Salzwasser legen, Suppengrün, Zitronenschale und Pfefferkörner dazugeben und etwa 40 Minuten bei schwacher Hitze garen.
3. Die Morcheln einzeln unter fließendem Wasser gründlich reinigen, damit alle Sandteilchen aus den Vertiefungen herausgespült werden.
4. Die Butter in einer Sauteuse erhitzen und die halbierten Morcheln darin etwa 10 Minuten unter Rühren anbraten. Mit Cognac ablöschen. $^{1}/_{8}$ l Einweichwasser durch ein feines Haarsieb zu den Pilzen geben und die Sahne dazugießen. Bei starker Hitze sämig einkochen.
5. Das gekochte Kalbfleisch in kleine Würfel schneiden und unter die Pilzsauce mischen.
6. Von der Kochstelle nehmen und das Ragout mit den verquirlten Eigelb binden. Noch einmal kurz erwärmen, aber nicht mehr kochen lassen, und die gehackte Petersilie untermischen.
7. Die Pastetchen im Backofen erwärmen, mit dem Ragout füllen und sofort servieren.

Pro Person:
Kalorien (kcal) 630
Eiweiß (g) 21
Fett (g) 49
Kohlenhydrate (g) 20

Pastetchen mit Ragoutfüllung lassen sich gut vorbereiten und eignen sich daher besonders, wenn man Gäste erwartet. Kurz bevor der Besuch kommt, werden die fertiggekauften Blätterteigpastetchen erwärmt und mit dem ebenfalls vorsichtig erhitzten Ragout gefüllt.

- Die Morcheln kann man sowohl durch Steinpilze oder Pfifferlinge ersetzen als auch durch frische Spargelstückchen oder Broccoliröschen!

PASTETCHEN MIT KALBSBRIESRAGOUT

Für 4 Personen
Zubereitungszeit:
1 Stunde 30 Minuten

400 g Kalbsbries
Salz
250 g grüner Spargel
3 junge Möhren
40 g Butter
20 g Mehl
1/8 l Sahne
1/8 l Kalbsfond
1 Eigelb
1 EL Zitronensaft
gemahlener weißer Pfeffer
1 EL gehackte Frühlingskräuter,
z. B. Schnittlauch, Kerbel,
Basilikum
4 fertig gekaufte kleine
Blätterteigpastetchen

1. Das Kalbsbries einige Stunden in kaltem Wasser wässern, dabei das Wasser zwischendurch wechseln. Das Bries in kaltes Salzwasser geben, zum Kochen bringen und bei schwacher Hitze etwa 5 Minuten garen. Mit einem Schaumlöffel herausheben und in kaltem Wasser abkühlen lassen.
2. Die Spargelstangen nur am unteren Ende schälen und in kochendem Salzwasser in knapp 15 Minuten bißfest kochen. Die Möhren putzen, schälen und im Spargelkochwasser etwa 4 bis 5 Minuten garen. Spargel und Möhren in kleine Stücke schneiden.
3. Das Bries von allen Haut- und Sehnenteilen befreien und in kleine Stücke zerpflücken.
4. Die Butter erhitzen und das Mehl darin anschwitzen. Mit Sahne und Kalbsfond aufgießen, unter Rühren sämig einkochen. Bries und Gemüse untermischen, mit dem verquirlten Eigelb binden. Nicht mehr kochen lassen.
5. Mit Zitronensaft, Salz und Pfeffer würzen und die Kräuter darunterziehen.
6. Das Ragout in die vorgewärmten Pastetchen füllen und sofort servieren.

Pro Person:
Kalorien (kcal) 620
Eiweiß (g) 24
Fett (g) 44
Kohlenhydrate (g) 27

SCHINKENTERRINE

Einfacher in der Zubereitung gegenüber Pasteten, aber nicht minder schmackhaft, sind Terrinen. Ob aus Schinken, Leber, Wild oder Geflügel – sie sind immer eine willkommene Abwechslung auf einem kalten Büfett oder delikater Auftakt eines Menüs. Damit die Terrine beim Garen nicht zu sehr austrocknet, legt man die Porzellan- oder Steingutformen meist mit Speckscheiben aus und bedeckt sie zusätzlich damit. Einen ebenso guten Schutz vor Austrocknung bietet eine Geleeumhüllung aus würzigem Fond.

Für 12 Personen
Zubereitungszeit:
ca. 2 Stunden

500 g Lachsschinken
(am Stück)
6 cl Fino-Sherry
250 g Schweinefleisch
aus der Keule
250 g roher fetter Speck
2 Schalotten
1 Bund Petersilie
Salz
frisch gemahlener Pfeffer
2 gehackte Wacholderbeeren
frisch geriebene Muskatnuß
1 TL frische Thymianblätter
2 Eigelb
30 g halbierte Pistazien
200 ml Kalbsfond
4 Blatt weiße Gelatine

1. Den Schinken so zurechtschneiden, daß ein Streifen mit einem Durchmesser von 3 cm entsteht. Diese Einlage mit 4 cl Fino-Sherry begießen und zugedeckt marinieren. 100 g Schinken in kleine Würfel, den Rest in Stücke schneiden.
2. Das gut gekühlte Schweinefleisch und den Speck ebenfalls in Würfel schneiden und abwechselnd mit dem in Stücke geschnittenen Schinken portionsweise in der Küchenmaschine fein pürieren, dabei die geschälten Schalotten und die Petersilie dazugeben.
3. Einen großen Topf, drei Finger hoch mit Wasser gefüllt, in den Backofen stellen und auf 180° C vorheizen.
4. Die Farce über eine mit Eiswasser gefüllte Schüssel stellen und rasch mit den Gewürzen, Eigelb und Marinade-Sherry verrühren. Die Pistazien und die Schinkenwürfel untermischen.
5. Die Hälfte der Masse in eine gefettete ovale Terrinenform von etwa 1 1/2 l Inhalt füllen, den marinierten Schinkenstreifen in die Mitte geben und mit der restlichen Farce bedecken.
6. Zugedeckt im Wasserbad etwa 1 Stunde garen.
7. Den Kalbsfond mit dem restlichen Sherry abschmecken und mit der aufgelösten Gelatine binden, siehe Seite 26.
8. Die abgekühlte Terrine mit der Geleeflüssigkeit ausgießen und erstarren lassen.

Pro Person:
Kalorien (kcal) 440
Eiweiß (g) 13
Fett (g) 40
Kohlenhydrate (g) 0

Einlage vorbereiten
Den Schinken auf die Länge der Terrinenform und mit einem Durchmesser von etwa 3 cm zurechtschneiden und mit Sherry marinieren.

Vorbereitung der Farce
100 g Schinken in kleine Würfel schneiden und beiseite legen. Den Rest sowie das gut gekühlte Schweinefleisch und den Speck in etwa 2 cm große Würfel schneiden.

Einfüllen in die Form
Die Farce zubereiten, siehe Seite 26. Die gefettete Terrinenform zur Hälfte mit der Farce füllen, die Einlage in die Mitte geben und mit der restlichen Masse bedecken. Die Oberfläche glattstreichen.

Im Wasserbad garen
Die zugedeckte Form in das vorbereitete heiße Wasserbad stellen. Während des Garens darf das Wasser nicht kochen. Eventuell etwas kaltes Wasser nachgießen.

Geleespiegel
Nachdem die Terrine abgekühlt ist, den entstandenen Zwischenraum mit der vorbereiteten Geleeflüssigkeit ausgießen.
Dadurch trocknet die Terrine nicht so rasch aus.

BAUERNTERRINE

In Frankreich, dem traditionellen Terrinen- und Pastetenland, schätzt man gerade die besonders kräftig gewürzten bäuerlichen Terrinen. Selbst in den einfachsten Restaurants bekommt man als Vorspeise eine Terrine oder Pastete angeboten. Dieses mühelos nachzuvollziehende Rezept ist nur eine Version der unzähligen Familienrezepte.

Für 12 Personen
Zubereitungs- und Marinierzeit: ca. 2 1/2 Stunden

- 500 g Schweineleber
- 4 cl Kirschwasser
- 130 g Schweineschmalz
- 500 g fetter Schweinebauch
- 1 große Zwiebel
- 1 Knoblauchzehe
- 1 Bund Petersilie
- 1 Ei
- 6 EL Sahne
- Salz
- frisch gemahlener Pfeffer
- 1 EL gerebelter Majoran
- 150 g durchwachsener Räucherspeck

1. 400 g Schweineleber in große Stücke schneiden, mit Kirschwasser begießen und zugedeckt mindestens 1 Stunde marinieren. Die restliche Leber in etwa 1 cm große Würfel schneiden.
2. 30 g Schweineschmalz in einer Pfanne erhitzen und die marinierten, gut abgetrockneten Leberstücke darin kurz anbraten. Mit einem Schaumlöffel herausheben und die kleinen Leberwürfel 1 bis 2 Minuten darin anbraten. Ebenfalls herausnehmen und beiseite stellen.
3. Einen großen Topf, drei Finger hoch mit Wasser gefüllt, in den Backofen stellen und auf 180° C vorheizen.
4. Das gut gekühlte Schweinefleisch sowie die geschälte Zwiebel und Knoblauchzehe in Würfel schneiden. Mit der Petersilie und der gebratenen, abgekühlten Leber portionsweise in der Küchenmaschine fein pürieren.
5. In eine Schüssel geben und mit Ei, Sahne und Kirschwasser (vom Einweichen) gründlich verrühren. Kräftig salzen, pfeffern und herzhaft mit Majoran abschmecken.
6. Den Räucherspeck in kleine Würfel schneiden und mit den gebratenen kleinen Leberwürfeln unter die Farce mischen.
7. In eine gefettete Terrinenform von 2 Liter Inhalt füllen und zugedeckt im Wasserbad in etwa 1 Stunde garen.
8. Das restliche Schweineschmalz erwärmen, über die abgekühlte Terrine gießen und erstarren lassen.

Pro Person:
Kalorien (kcal) 440
Eiweiß (g) 16
Fett (g) 39
Kohlenhydrate (g) 0

DÄNISCHE LEBERTERRINE

Leberterrine ist bei unseren dänischen Nachbarn unentbehrlich als Belag von Smørrebrød. Fast jede Familie hat ihr ganz spezielles Hausrezept, aber eines haben alle gemeinsam – als Bindemittel nimmt man Mehl. Einige verquirlen lediglich Mehl und Sahne und mischen es unter die Leberfarce. Häufig wird die Terrine aber mit einer Béchamelsauce zubereitet, wie im nachfolgenden Rezept beschrieben.

Für 12 bis 14 Personen
Zubereitungszeit:
ca. 2 Stunden

- 30 g Butter
- 30 g Mehl
- 1/4 l Sahne
- 1/8 l Kalbsfond
- 700 g Schweineleber
- 350 g fetter roher Speck
- 3 Sardellenfilets in Öl
- 1 Zwiebel
- 2 Eier
- Salz
- frisch gemahlener Pfeffer
- etwas gemahlener Ingwer
- 300 g in dünne Scheiben geschnittener, roher fetter Speck

1. Die Butter zerlassen, das Mehl darin anschwitzen und mit Sahne und Kalbsfond aufgießen. Unter Rühren kurz durchkochen, dann von der Kochstelle nehmen.
2. Schweineleber und Speck in Stücke schneiden und mit den Sardellenfilets und der geschälten, geviertelten Zwiebel portionsweise in der Küchenmaschine pürieren oder durch die feine Scheibe des Fleischwolfs drehen.
3. Einen großen Topf, drei Finger hoch mit Wasser gefüllt, in den Backofen stellen und auf 180° C vorheizen.
4. Die Eier unter die Béchamelsauce rühren und unter weiterem Rühren die Leber-Speck-Masse hinzufügen. Herzhaft mit Salz, Pfeffer und Ingwer würzen.
5. Eine Kastenform von etwa 2 Liter Inhalt mit den Speckscheiben auskleiden, die Leberfarce einfüllen und mit Speckscheiben bedecken. Mit Alufolie verschließen und im Wasserbad in gut 1 Stunde garen. Den Backofen abschalten und die Terrine noch etwa 15 Minuten im Wasserbad stehen lassen.
6. Gut abgekühlt, am besten am nächsten Tag, in Scheiben schneiden und auf Weißbrot anrichten. In Dänemark reicht man Preiselbeeren dazu.

Pro Person:
Kalorien (kcal) 630
Eiweiß (g) 16
Fett (g) 58
Kohlenhydrate (g) 3

Brot

Viel mehr als eine Unterlage! Nichts ist so vielseitig und abwechslungsreich wie Brot. Rezepte für Kenner: Als Häppchen, Snacks, Panini, Tapas – einfach zum Reinbeißen!

CROSTINI

Messer und Gabel dürfen Sie sich bei Crostini ruhig sparen. Schließlich essen die Italiener diese knusprigen Brotstücke auch aus der Hand. Und sie müssen es ja wissen. Stammt doch die Idee aus der Toskana, Weißbrot in Olivenöl zu rösten und mit einer pikanten Farce zu bestreichen. Ursprünglich wurden »crostini di fegato« (Leberhäppchen) heiß serviert. Es gibt aber heute unzählige Abwandlungen, und einige davon schmecken auch kalt, siehe nächste Seite!

Für 8 Personen
Zubereitungszeit: 45 Minuten

- 10 g getrocknete Steinpilze
- 2 Zwiebeln
- 1 Knoblauchzehe
- 1 Stange Staudensellerie
- 1 große Möhre
- 1 Bund Petersilie
- 300 g Hähnchenleber
- 100 g durchwachsener Räucherspeck
- 2 in Öl eingelegte Sardellen
- 30 g Butter
- 6 bis 8 EL Olivenöl
- $^1/_8$ l Weißwein
- Salz
- frisch gemahlener Pfeffer
- 1 EL geriebener Parmesan
- 1 EL Paniermehl nach Bedarf
- toskanisches Weißbrot oder Kastenweißbrot

1. Die Steinpilze etwa 20 Minuten in lauwarmem Wasser einweichen.
2. Zwiebeln und Knoblauch schälen, Staudensellerie und Möhre putzen und alles in kleine Würfel schneiden. Die Petersilie waschen und fein hacken. Die Hähnchenleber putzen und den Räucherspeck in Würfel schneiden. Die Sardellen hacken.
3. Butter und 2 EL Öl erhitzen und das Gemüse und den Speck darin anbraten. Die abgetropften, kleingehackten Pilze und die Sardellen dazugeben und mitschmoren.
4. Die Leber in der Pfanne 3 bis 4 Minuten anbraten. Dann herausnehmen, sehr fein hacken und mit der Petersilie zurück in die Pfanne geben. Mit Wein aufgießen, salzen, pfeffern und etwa 10 Minuten bei schwacher Hitze köcheln lassen.
5. Von der Kochstelle nehmen und zu einer streichfähigen Paste verrühren. Parmesan und, falls die Creme zu dünnflüssig ist, etwas Paniermehl dazugeben.
6. Das restliche Olivenöl in einer Pfanne erhitzen und die Brotscheiben darin rösten. Mit der heißen Leberfarce bestreichen, in Stücke schneiden und sofort servieren.

Pro Person:
Kalorien (kcal) 215
Eiweiß (g) 10
Fett (g) 17
Kohlenhydrate (g) 2

Man kann die Masse auch vorbereiten und – bevor die Gäste kommen – auf die gerösteten Brotscheiben streichen, mit Parmesan bestreuen und kurz im heißen Backofen überbacken.

Vorbereitung
Steinpilze in lauwarmem Wasser einweichen. Gemüse in Würfel schneiden. Leber putzen und waschen. Räucherspeck in sehr kleine Würfel schneiden und Sardellen und Petersilie fein hacken.

Anbraten der Zutaten
Butter und Öl in einer tiefen Pfanne erhitzen und erst das Gemüse, dann die kleingeschnittenen Pilze, die gehackte Petersilie und zum Schluß die Leber darin anbraten.

Farce zubereiten
Die Leber herausnehmen, fein wiegen und zurück in die Pfanne geben. Mit Wein aufgießen und so lange kochen, bis eine cremige Paste entsteht. Parmesan und, nur falls nötig, Paniermehl unterrühren.

Brote rösten und bestreichen
Weißbrot, am besten ungesalzenes toskanisches Brot, in wenig heißem Olivenöl von beiden Seiten goldgelb und knusprig braten oder im Toaster rösten. Sofort mit der heißen Lebercreme bestreichen, in Stücke teilen und servieren.

CROSTINI MIT PIKANTEN CREMES

Die einfachste Form der Crostini ist die Bruschetta, deren Geschmack aber einzig und allein von der Qualität des Olivenöls abhängt. Es muß kaltgepreßt und so frisch wie möglich sein. Die Zubereitung ist kinderleicht: Ungesalzenes Toskaner Weißbrot im Toaster rösten, mit einer halbierten Knoblauchzehe abreiben (wer's würziger liebt: Knoblauch darüberpressen) und mit reichlich bestem Olivenöl beträufeln, salzen. Hier ein paar weitere Anregungen für die würzigen italienischen Appetithappen. Grundlage ist immer knusprig geröstetes Weißbrot.

Für 6 bis 8 Personen
Zubereitungszeit:
ca. 45 Minuten

1 Crostini mit Milz
1 in Würfel geschnittene Zwiebel und 2 gehackte Sardellen in 3 EL Olivenöl anschwitzen. 300 g geschabte Milz und 2 EL gehackte Petersilie sowie 1/2 TL abgezupfte Thymianblätter dazugeben und einige Minuten mitbraten. Mit 6 EL Vin Santo aufgießen und sämig einkochen lassen. Zum Schluß 1 EL gehackte Kapern untermischen, salzen, pfeffern und entweder heiß auf die gerösteten Brote streichen oder mit Parmesan bestreut kurz gratinieren.

2 Crostini mit Hirn
200 g Kalbshirn putzen, wässern und fein hacken. Je 1 Zwiebel und Knoblauchzehe in Würfel schneiden und in 3 EL Olivenöl anbraten. Das Hirn und 2 EL gehackte Petersilie hinzufügen und unter Rühren mitbraten. 1 verquirltes Ei und 1 EL frisch geriebenen Parmesan untermischen und kurz garen. Mit Salz und Pfeffer würzen und sofort auf geröstete Brote streichen.

3 Crostini mit Olivenpaste
250 g schwarze Oliven entsteinen, mit 2 Sardellenfilets, etwas Thymian und Rosmarin in der Küchenmaschine pürieren, dabei soviel kaltgepreßtes Olivenöl dazugeben, bis eine streichfähige Paste entsteht. 1 EL gehackte Petersilie untermischen und die Paste auf geröstete Brote streichen.

4 Crostini mit Thunfisch
150 g Thunfisch und 3 Sardellenfilets in der Küchenmaschine pürieren. 1 feingehackte Zwiebel und 1 EL gehackte Kapern untermischen. Unter Rühren soviel kaltgepreßtes Olivenöl dazugießen, bis eine streichfähige Paste entsteht. Salzen, pfeffern und auf geröstete Brote streichen.

1

2

3

4

5 Crostini mit Pilzen
400 g Steinpilze, ersatzweise Shiitake-Pilze oder Pfifferlinge, putzen und kleinschneiden.
1 Zwiebel und 2 Knoblauchzehen in Würfel schneiden und mit 2 EL gehacktem rohen Schinken in 3 EL Olivenöl anbraten. Die Pilze und 2 EL gehackte Petersilie dazugeben und so lange bei starker Hitze braten, bis alle Flüssigkeit verdampft ist. Die Mischung in der Küchenmaschine fein pürieren, dabei soviel kaltgepreßtes Olivenöl dazugießen, bis eine streichfähige Paste entsteht. Auf geröstete Brote streichen.

6 Crostini mit Auberginen
1 mittelgroße Aubergine der Länge nach in 1/2 cm dicke Scheiben schneiden, salzen und 20 Minuten ziehen lassen. Abwaschen, abtrocknen, in kleine Würfel schneiden und in 3 EL Olivenöl goldbraun braten. Abgekühlt mit 3 EL frischen Tomatenwürfeln und 150 g in kleine Würfel geschnittenem Mozzarella vermischen. Mit Salz, Pfeffer und Thymian würzen und auf geröstete Brote verteilen. Im heißen Backofen kurz überbacken.

7 Crostini mit Knoblauchmayonnaise
Aus 2 Eigelb, 4 bis 5 Knoblauchzehen und ca. 1/4 l Olivenöl eine Mayonnaise nach dem Grundrezept auf Seite 29 herstellen. Mit Salz, Pfeffer und Zitronensaft würzen und auf die gerösteten Brote streichen.

8 Crostini mit Tomaten
4 große Fleischtomaten blanchieren, häuten, halbieren und entkernen. Das Fruchtfleisch in kleine Würfel schneiden und auf einem feinen Sieb etwa 3 Minuten abtropfen lassen. Von einem Bund Basilikum die Blätter abzupfen, fein hacken und mit 2 geriebenen Knoblauchzehen unter die Tomaten mischen. Mit Salz und Pfeffer würzen und auf geröstete Brote verteilen. Sofort servieren, damit die Brote nicht durchweichen.

Welchen Belag Sie auch immer bevorzugen, am besten schmecken die Crostini mit echt toskanischem Weißbrot! Die länglich-ovalen Brotlaibe mit ihrer goldbraunen Kruste haben eine weiche, nicht zu großporige Krume. Das Besondere daran jedoch ist, daß dieses Brot ungesalzen ist: Bei der würzintensiven toskanischen Küche vermißt man das Salz auch nicht – dasselbe gilt auch für die würzigen Brotaufstriche auf dieser Seite.
Als Ersatz für dieses Brot können Sie jedoch auch Bäckertoast oder ein helles Mischbrot wählen!

AUSGEBACKENE BROTE MIT MOZZARELLA

In der italienischen Region Kampanien heißen sie »Mozzarella in carrozza«, in der Region Latium füllt man sie zusätzlich mit rohem Schinken und nennt sie »Pandorato«. Häufig wird der Mozzarella mit frisch gehackten Basilikumblättern oder Oregano bestreut, und besonders pikant schmecken die Brote, wenn man einige Sardellenfilets auf den Käse legt. Wie auch immer: Sie sind einfach köstlich, aber nur frisch aus der Pfanne!

Für 4 Personen
Zubereitungszeit: 45 Minuten

- ca. 200 g Kastenweißbrot am Stück, vom Vortag
- 150 g Mozzarella
- 4 dünne Scheiben roher Schinken
- 8 bis 12 Basilikumblätter
- ca. 1/4 l Milch
- 2 EL Mehl
- 2 Eier
- Salz
- frisch gemahlener Pfeffer
- Öl zum Braten

1. Das Brot entrinden und mit einem scharfen Messer etwa 1 cm dicke Scheiben einschneiden, aber nicht völlig durchtrennen. Erst nach der zweiten Scheibe durchschneiden. Auf diese Weise vier dicke Brotscheiben mit jeweils einer Tasche vorbereiten.
2. In jede Öffnung 1 Scheibe Mozzarella, 1 Scheibe Schinken und etwas von den fein geschnittenen Basilikumblättern füllen. Die Ränder gut festdrücken und die Brote kurz in Milch tauchen.
3. Anschließend in Mehl wenden und nebeneinander auf eine Platte legen.
4. 2 Eier mit einer Gabel gründlich verquirlen, mit Salz und Pfeffer würzen und die Brotscheiben damit übergießen. Etwa 20 Minuten durchziehen lassen.
5. Reichlich Olivenöl in einer Pfanne erhitzen und die Brote darin nacheinander von beiden Seiten goldbraun und knusprig braten. Auf Küchenpapier entfetten und sofort servieren.

Pro Person:
Kalorien (kcal) 350
Eiweiß (g) 19
Fett (g) 15
Kohlenhydrate (g) 31

AUSGEBACKENE KRABBENTALER

Dies ist die asiatische Version ausgebackener Brote. In China sind solche Häppchen als Imbiß zwischendurch sehr beliebt, und es gibt viele Rezeptvariationen. Wer's würziger möchte, würzt die Fischmasse zusätzlich mit Sojasauce und Cayennepfeffer.

Für 8 Personen
Zubereitungszeit: 45 Minuten

- 30 g durchwachsener Räucherspeck
- 100 g Fischfilet, z. B. Kabeljau, Dorsch oder Scholle
- 150 g Krabben ohne Schale
- 1 Frühlingszwiebel
- etwas geraspelte Ingwerwurzel
- 2 Eiweiß
- 1 EL Reiswein oder Fino-Sherry
- 1 EL Speisestärke
- Salz
- gemahlener weißer Pfeffer
- 16 Scheiben Toastbrot
- 6 bis 8 EL Sesamsamen
- Öl zum Ausbacken

1. Den Räucherspeck in kleine Würfel schneiden. Fischfleisch und Krabben mit einem Wiegemesser oder in der Küchenmaschine fein hacken. Die Frühlingszwiebel putzen und in kleine Würfel schneiden.
2. Alles miteinander in eine Schüssel geben, Ingwer, 1 Eiweiß, Reiswein oder Fino-Sherry und die Speisestärke dazugeben. Gründlich verrühren und mit Salz und Pfeffer würzen.
3. Mit einem runden Ausstecher von 8 cm Durchmesser Plätzchen aus den Toastbrotscheiben ausstechen. Die Hälfte davon dick mit der Fischfarce bestreichen und mit je einem Brotplätzchen bedecken. Die Ränder mit Eiweiß bestreichen, in Sesamsamen wenden und gut festdrücken.
4. Reichlich Öl in einer Friteuse oder einem Wok auf 175° C erhitzen und die Krabbenbrötchen nacheinander darin in 3 bis 5 Minuten goldbraun und knusprig braten. Auf Küchenpapier entfetten und sofort servieren.

Pro Person:
Kalorien (kcal) 320
Eiweiß (g) 15
Fett (g) 10
Kohlenhydrate (g) 41

Krabbenbrötchen kann man gut einfrieren und bei Bedarf im heißen Backofen erhitzen.

SMØRREBRØD

Eines haben alle Skandinavier gemeinsam: die Liebe zu den appetitlich angerichteten Smørrebrøds. »Smørrebrød« heißt »Butterbrot«, aber Butter ist nur die Grundlage der üppig belegten, hübsch garnierten Brote.

So bereitet man ein echtes Smørrebrød zu:

- Pro Person: 1 Scheibe frisches Brot mit knuspriger Kruste. Das Brot darf nicht zu großporig sein. Ob Sie Weiß-, Schwarz- oder Vollkornbrot wählen, hängt vom jeweiligen Belag ab.
- Das Brot mit reichlich Butter bestreichen.
- Der Belag muß so üppig sein, daß man vom Brot nichts mehr sieht.
- Die Brote phantasievoll garnieren! Die Garnitur muß aber geschmacklich mit dem Belag harmonieren.
- Das Smørrebrød muß frisch sein, also erst kurz vor dem Verzehr anrichten.

Und hier einige Ideen, wie eine bunte Smørrebrødplatte aussehen kann. Grundlage für die folgenden Vorschläge ist jeweils 1 Scheibe Weiß-, Schwarz- oder Vollkornbrot, mit Butter bestrichen:

1 Roastbeef
2 Scheiben rosa gebratenes Roastbeef auf einem Salatblatt anrichten und mit Gürkchen, Remouladensauce und frisch geriebenem Meerrettich garnieren.

2 Schinken
2 Scheiben Kochschinken aufgerollt auf einem Salatblatt anrichten, mit 4 gekochten Spargelspitzen, 1 TL Sauce tatare und mit krauser Petersilie garnieren.

3 Leberterrine
1 dicke Scheibe Dänische Leberterrine (siehe Rezept Seite 97) auf einem Salatblatt anrichten, mit Orangenspalten und Preiselbeeren garnieren.

4 Schweinebraten
2 dünne Scheiben Schweinebraten mit Mangospalten belegen und mit Meerrettichsahne und entsteinten Kurpflaumen garnieren.

5 Tatar
Mit 100 g gewürztem Tatar belegen. In die Mitte eine Vertiefung drücken, 1 rohen Eidotter hineingeben und mit kleinen Zwiebelringen und Kapern garnieren.

6 Mett
Mit 100 g Schweinemett belegen und mit in Würfel geschnittenen Zwiebeln, Gürkchen und eingelegtem roten Paprika garnieren.

1

2

3

4

5

6

7

8

10

12

3

14

5

16

7 Rührei
Aus 2 Eiern ein Rührei zubereiten und auf dem Brot anrichten. Mit feingeschnittenem Schnittlauch bestreuen und mit Trüffelscheiben garnieren.

8 Butterkäse
Auf einem Salatblatt 3 Scheiben Butterkäse anrichten und mit Scheiben von Salatgurken und Tomaten garnieren. Mit frisch gemahlenem Pfeffer bestreuen.

9 Camembert-Käse
Auf einem Salatblatt 3 Scheiben Camembert anrichten. Mit Birnenspalten, Preiselbeeren und Kresse garnieren.

10 Hüttenkäse
Mit 150 g Hüttenkäse belegen und diagonal mit Streifen von frisch gehackten Kräutern und hartgekochten, gehackten Eiern garnieren.

11 Matjes
2 Matjesfilets auf einem Salatblatt anrichten und mit Apfelspalten, Zwiebelringen und etwas Sahnemeerrettich garnieren.

12 Krabben
Mit 100 g geschälten Krabben belegen, mit Avocadospalten, Zitronenscheiben und Dill garnieren.

13 Lachs
2 Scheiben Räucherlachs auf einem Salatblatt anrichten und mit hartgekochten Eivierteln, Senfsauce und Petersilie garnieren.

14 Bismarckhering
2 Bismarckheringsfilets auf einem Salatblatt anrichten. Mit Mayonnaise und Senffrüchten garnieren.

15 Schillerlocken
Ein Salatblatt mit einem Rührei aus einem Ei belegen und darauf in Scheiben geschnittene Schillerlocken geben. Mit frischen Majoranblättchen garnieren.

16 Kaviar
Ein Salatblatt mit 1 hartgekochten Ei, in Scheiben geschnitten, belegen. In die Mitte 1 TL Crème fraîche geben und darauf – je nach Geldbeutel – Keta-, Forellen- oder Beluga-Kaviar häufen.

Spezialitäten

Entdecken Sie die große weite Welt der Vorspeisen. Mexikanische Tortillas, russische Blini, asiatische Sushi – diese Gaumenkitzler bringen jeden auf den Geschmack!

SUSHI

Statt Brot essen die Japaner Reis, statt garnierten Canapés servieren sie Sushis: kleine Häppchen aus gefülltem Reis, die bei Empfängen oder als Vorspeise erst bewundert, dann in den Mund geschoben werden. Gleich ist bei allen Sushis nur der mit Essig verrührte Reis. Als Füllung lieben Japaner verschiedene Fische, mögen aber auch Pilze und anderes Gemüse. Und sie freuen sich über abwechslungsreiche Formen. Mal ist der Reis in Algenblätter gerollt, mal zusammengedrückt und belegt.
Hier zeigen wir Ihnen genau, wie man's macht. Auf der nächsten Seite sehen Sie dann, welche Vielfalt in den leckeren Happen steckt.

Für 4 Personen
Zubereitungszeit:
ca. 45 Minuten

250 g Rundkornreis, am besten japanischer Reis
1 Stückchen Konbu
Salz
gut $^1/_2$ l Wasser
2 EL Reis- oder Apfelessig
1 EL Sojasauce
1 TL Zucker
je ca. 150 g frischer Lachs, Thunfisch, Meerbrasse und Wolfsbarsch
einige rohe Garnelen mit Schale
3 Noriblätter
etwas Wasabi
Zum Eintauchen:
Sojasauce
frisch geraspelte Ingwerwurzel

1. Den Reis waschen und gut abtropfen lassen. Mit etwas mehr als $^1/_2$ l Wasser in einen Topf geben, Konbu hinzufügen und zum Kochen bringen. Einmal aufkochen und bei schwacher Hitze in 18 bis 20 Minuten ausquellen lassen. Von der Kochstelle nehmen, ein gefaltetes Küchentuch zwischen Topf und Deckel legen und den Reis 10 Minuten ruhen lassen.
2. Den Lachs in 8 cm lange Streifen, den restlichen Fisch in dünne Scheiben schneiden. Die Garnelen schälen, halbieren und den Darm entfernen.
3. Essig, Sojasauce, Zucker und Salz verrühren, kurz erhitzen und unter den Reis mischen. Den Reis bis zur Weiterverarbeitung mit einem feuchten Tuch bedecken, damit er nicht austrocknet.
4. Je nach Geschmack entweder handgeformte Sushi, die sogenannten »nigiri-zushi«, oder gerollte Sushi, die »nori-maki«, daraus herstellen, siehe Schritt für Schritt-Anleitung. Stilecht in einem Lackkästchen oder auf einem Lacktablett anordnen. Gut gekühlte Sojasauce, eventuell mit etwas frisch geraspelter Ingwerwurzel verrührt, zum Eintauchen bereitstellen.

Pro Person:
Kalorien (kcal) 490
Eiweiß (g) 38
Fett (g) 12
Kohlenhydrate (g) 50

Konbu ist eine Seetangart, *Nori-Blätter* sind gerösteter Seetang und *Wasabi* heißt der grüne japanische Meerrettich. Es gibt ihn frisch oder als Pulver. Das Pulver muß mit etwas kaltem Wasser angerührt werden. All diese Produkte bekommen Sie in Asiengeschäften.

Sushireis kochen
Den Reis vor dem Kochen mehrmals mit jeweils frischem Wasser waschen. In gut der doppelten Menge Wasser in 18 bis 20 Minuten gar kochen. Je nach Geschmack ein Stück Konbu mitkochen. Weitere 10 Minuten abdampfen lassen.

Reis würzen
Essig, Sojasauce, Zucker und Salz verrühren und erhitzen, bis sich Zucker und Salz gelöst haben. Den Reis in eine Schüssel geben und die Würzmischung mit einer Holzspachtel gleichmäßig untermischen.

Fisch vorbereiten
Den Fisch für die handgeformten Sushi in dünne Scheiben, für die gerollten Sushi in Streifen schneiden. Die Garnelen schälen, halbieren und den schwarzen Darm entfernen.

Handgeformte Sushi:
Reis formen
Mit einem Löffel etwas vom Reis abstechen und mit der Hand zu einer daumendicken Rolle, so lang wie die Fischscheiben, formen.

Sushi fertigstellen
Die Fischscheibe mit etwas Wasabi bestreichen. Das Reisröllchen mit Fisch oder Garnelen belegen und kräftig mit Zeige- und Mittelfinger gegeneinander drücken. Der Reis muß völlig bedeckt sein.

Gerollte Sushi:
Noriblatt ausbreiten
1 Noriblatt auf einer Bambusrollmatte ausbreiten. Anstelle von Seetang kann man auch große Sauerampfer- oder Endivienblätter leicht überlappend ausbreiten.

Mit Reis belegen
Den gewürzten Sushireis gleichmäßig auf dem Noriblatt verteilen, dabei vorne und hinten einen jeweils 1 cm breiten Rand lassen.

Füllen der Sushi
Einen Fischstreifen waagrecht in die Mitte des Reisbettes legen und etwas eindrücken. Anstelle des Fisches kann man die Sushi auch nur mit Gemüsestreifen oder mit beidem füllen.

Aufrollen
Den unteren Mattenrand etwas anheben, den Reis dabei mit den Fingern festhalten und zum oberen Rand hin rollen. Die mit der Matte umhüllte Rolle mit beiden Händen zusammenpressen.

Aufschneiden
Die fertige Rolle auswickeln, an den offenen Enden gut festdrücken und mit einem scharfen Messer in dicke Scheiben schneiden.

SUSHI-VARIATIONEN

Ein Sushi-Koch ist in Japan sehr angesehen. Denn jeder weiß, wieviel Fingerspitzengefühl und Phantasie er braucht, bis die Reishäppchen als bunte Kunstwerke auf dem Teller liegen. Doch lassen Sie sich nicht abschrecken! Die folgenden Variationen sind leicht nachzuvollziehen und sie lassen sich auch gut vorbereiten. Neben den bekannten Sushitypen ›nigiri-zushi‹ (handgeformte Sushi) und den ›nori-maki‹ (gerollte Sushi), von denen es allein vier verschiedene Formen gibt, kennt man in Japan noch unzählige andere Möglichkeiten der Zubereitung. Der Sushireis kann auch, mit Gewürzen, Kürbis- oder Gurkenstreifen und Räucherlachs vermischt, lediglich in einer Schale hübsch garniert angerichtet werden.

Eine andere Art der Zubereitung ist ›ebi-oshi-zushi‹. Dafür wird eine Springform mit Sushireis ausgekleidet, mit geröstetem Seetang und Shrimps oder Fisch gefüllt, mit Sushireis bedeckt, gut zusammengepreßt und gekühlt. Anschließend wird die Sushitorte in Stücke geschnitten.

In manchen Regionen wiederum wird der Reis rund geformt, mit Fisch belegt, mit Eigelb garniert und blütenähnlich arrangiert. Oder der Reis wird in dünne Omeletts gehüllt und diese wie Säckchen verschnürt.

Den Sushireis, wie im Grundrezept beschrieben, zubereiten und auf eine der hier vorgestellten Arten anrichten:
Die Zutatenmengen entsprechen den im Grundrezept angegebenen Mengen und reichen für 4 Personen.
Zubereitungszeit:
ca. 45 Minuten

Nigiri-zushi

1 Schwertfisch-tane
Den Sushireis zu daumendicken Rollen formen. Den Fisch in dünne Streifen schneiden, mit etwas Wasabi bestreichen und, wie im Grundrezept beschrieben, fertigformen.

2 Kohoda-tane
Das Kohodafilet an der Oberfläche etwas einschneiden und den geformten Reis damit bedecken. Gut festdrücken. Anstelle des Kohoda kann man auch zarte Heringsfilets nehmen.

3 Sardinen-tane
Den geformten Reis mit sehr frischen, kleinen enthäuteten und entgräteten Sardinenfilets belegen. Gut zusammendrücken.

4 Makrelen-tane
Frische, rohe Makrelenfilets in schräge Scheiben schneiden und den geformten Sushireis damit belegen. Gut festdrücken.

5 Scampi-tane
Die frischen, rohen Scampi schälen, das Schwanzende daranlassen. Der Länge nach halbieren. Jeweils eine Hälfte auf den geformten Reis drücken. Man kann die Scampi aber auch kurz gegart als Belag verwenden.

6 Tintenfisch-tane
Die küchenfertig vorbereiteten, gekochten Tintenfische mit Sushireis füllen, dann in Scheiben schneiden.

1

2

3

4

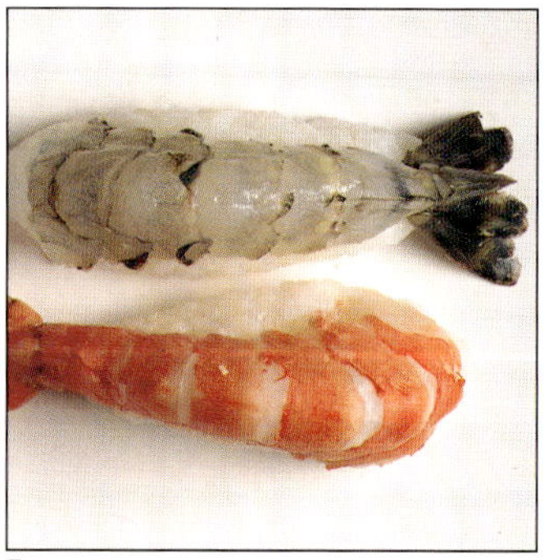
5

6

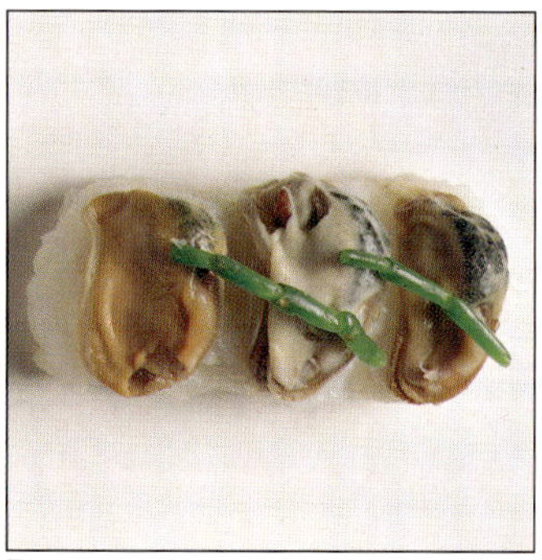
7

8

10

1

12

3

14

5

16

7 Miesmuschel-tane
Den geformten Sushireis mit großen, gekochten Miesmuscheln belegen. Gut zusammendrücken.

8 Jakobsmuschel-tane
Je nach Geschmack den geformten Sushireis mit dem gekochten Corail (Rogensack) und mit der in Scheiben geschnittenen Nuß belegen.

Nori-maki

9 Kürbis und Thunfisch
Eingelegten Kürbis und rohen Thunfisch in schmale Streifen schneiden, auf den ausgebreiteten Sushireis legen und, wie im Grundrezept beschrieben, aufrollen.

10 Mit Rettich, Möhre und Zucchini
Das Gemüse putzen und in feine Streifen schneiden. Nebeneinander auf dem ausgebreiteten Sushireis anordnen. Aufrollen.

11 Mit Lachs und Gurke
Den rohen Lachs in Streifen schneiden und mit Wasabi würzen. Den ausgebreiteten Reis abwechselnd mit Lachsstreifen und Streifen von frischer Salatgurke belegen. Aufrollen.

Sushi-Spezialitäten

12 Mit Rührei
2 Eier verquirlen und in einer beschichteten Pfanne zu Rührei braten. Unter den Sushireis mischen, einrollen und aufschneiden.

13 Mit Kaviar
Den Sushireis ohne Füllung in Noriblätter einrollen und in Scheiben schneiden. Den Reis etwas eindrücken und die Oberfläche dick mit Keta- oder Forellen-Kaviar belegen.

14 Mit Shiitake-Pilzen
Frische Shiitake-Pilze kurz anbraten, mit Sojasauce würzen und unter den fertigen Sushireis mischen. In ausgebreitete Sauerampferblätter streichen, zusammenrollen und aufschneiden.

15 Mit Shrimps (Hummerkrabben)
Sushireis mit kurz gegarten und in Reisessig marinierten Shrimps vermischen. Die Seetangblätter in Quadrate schneiden, zu Tüten formen und mit Shrimps-Reis füllen. Eventuell noch Streifen von Zucchini oder Möhren in die Tüten stecken.

16 Mit Omelett und Zuckerschoten
50 g Kabeljau im Mixer pürieren, dabei 1 EL süßen Reiswein, Salz, 1 EL Speisestärke und 4 Eier hinzufügen. Öl in einer großen Pfanne erhitzen, die Eimasse hineingießen und scharf anbraten. Bei schwacher Hitze in etwa 4 bis 5 Minuten zu einem Omelett backen. Mit Hilfe des Deckels wenden, und auch die zweite Seite kurz braten. Das abgekühlte Omelett auf die Bambusrollmatte legen, den Sushireis darauf verteilen und mit kurz blanchierten Zuckerschoten, in feine Streifen geschnitten, belegen. Mit Wasabi würzen und mit Hilfe der Rollmatte aufrollen. In Scheiben schneiden.

FRÜHLINGSROLLEN

»Dim sum« nennt man in China kleine, herzhafte Imbisse. Feinwürzige Füllungen werden mit einem dünnen Teig umhüllt, sehr unterschiedlich geformt und mal roh genossen, mal über Dampf gegart oder im heißen Fett ausgebacken. Die zartknusprigen Frühlingsrollen sind bei uns ja schon seit längerem etabliert. Es lohnt sich aber, auch die anderen asiatischen Kleinigkeiten im Teigmantel einmal zu probieren. Auf der nächsten Seite finden Sie dazu einige Anregungen. Wenn Ihnen das Teigausrollen zu mühsam ist, können Sie die hauchdünnen Teigblätter wie auch Reispapier oder Wan-Tan-Hüllen in Asiengeschäften kaufen.

Für 6 Personen
Zubereitungszeit: 45 Minuten
Ruhezeit des Teiges: 2 Stunden

Für den Teig:
125 g Mehl
Salz
75 ml Wasser
Für die Füllung:
4 Frühlingszwiebeln
1 Schalotte
1 EL Öl
300 g gehacktes Schweinefleisch
1 EL Speisestärke
2 EL Reiswein oder Fino-Sherry
100 g Sojabohnenkeimlinge
2 EL Sojasauce
1 TL Zucker
frisch gemahlener Pfeffer
Außerdem:
1 Eigelb
Öl zum Ausbacken

1. Das Mehl in eine Schüssel geben, mit Salz bestreuen und in die Mitte eine Vertiefung drücken. Das Wasser hineingießen und rasch zu einem glatten Teig verkneten. Den Teigkloß in ein feuchtes Tuch einhüllen und für 2 Stunden kalt stellen.

2. Die Frühlingszwiebeln putzen und mit einem Teil des Grüns in feine Scheiben schneiden.

3. Die Schalotte schälen, in Würfel schneiden und im erhitzten Öl glasig braten. Das Hackfleisch dazugeben und anbraten. Mit Speisestärke bestäuben und mit Reiswein oder Sherry aufgießen. Frühlingszwiebeln und Sojabohnenkeimlinge hinzufügen und mit Sojasauce beträufeln. Mit Zucker, Salz und Pfeffer würzig abschmecken.

4. Den Teig auf einer mit Mehl bestäubten Arbeitsfläche hauchdünn ausrollen. In 6 gleich große Rechtecke teilen.

5. Jeweils 2 bis 3 EL von der Füllung auf ein Teigblatt geben. Eigelb und etwas Wasser verquirlen und die Teigränder damit bestreichen. Die zwei Längsseiten einschlagen und von der schmalen Seite her aufrollen. Die Ränder gut festdrücken und die Oberseiten mit dem Eigelb bestreichen.

6. Das Öl in einer Friteuse oder in einem Wok auf 180° C erhitzen und portionsweise in etwa 8 Minuten braun und knusprig backen. Heiß mit Sojasauce servieren.

Pro Person:
Kalorien (kcal) 285
Eiweiß (g) 15
Fett (g) 16
Kohlenhydrate (g) 18

Teig zubereiten
Das Mehl in eine Schüssel sieben, salzen und in die Mitte eine Vertiefung drücken. Das Wasser hineingießen und erst mit einer Gabel Wasser und Mehl verquirlen, dann rasch mit den Händen zu einem glatten Teig verkneten.

Füllung zubereiten
Schalottenwürfel in Öl glasig braten und das Hackfleisch darin anbraten. Mit Speisestärke bestäuben und mit Reiswein oder Sherry aufgießen. Gründlich miteinander verrühren und die restlichen Zutaten dazugeben.

Teig ausrollen
Den gekühlten Teig mit einem Nudelholz hauchdünn ausrollen. Mit einem scharfen Messer in 6 gleich große Rechtecke teilen.

Teigblätter füllen
Jeweils 2 bis 3 EL von der abgekühlten Füllung in die Mitte jedes Teigblattes setzen. Eigelb und etwas Wasser verquirlen und die Ränder damit bestreichen.

Aufrollen der Teigblätter
Die beiden Längsseiten ein wenig über die Füllung einschlagen und das Teigblatt von der schmalen Seite her aufrollen. Die Ränder gut festdrücken und die Oberseite mit dem Eigelb bestreichen.

REISPAPIERROLLEN MIT GEMÜSEFÜLLUNG

Diese exotischen Snacks werden ungebacken verzehrt. Sie schmecken aber nur, wenn das Gemüse bißfest gegart ist! In Sojasauce oder eine andere pikante Sauce tauchen und genießen!

Für 4 Personen
Zubereitungszeit: 40 Minuten

- 1 kleine Stange Lauch
- 1 große Möhre
- 100 g Chinakohl
- 100 g Shiitake-Pilze
- 3 EL Erdnußöl
- 50 g Mungosprossen
- 2 EL gehackte Erdnüsse
- Salz
- frisch gemahlener Pfeffer
- 2 EL Sojasauce
- 1/2 TL Curry
- 1 TL gehackte Minzeblätter
- 4 Blätter Reispapier
- 4 Salatblätter

1. Lauch putzen, nur den weißen Teil in feine Ringe schneiden und sorgfältig waschen. Die Möhre schälen, erst der Länge nach in feine Scheiben, dann in schmale Streifen schneiden. Chinakohl ebenfalls in feine Streifen schneiden, die Pilze putzen und vierteln.
2. Das Öl in einem Wok erhitzen und das Gemüse darin unter Rühren bißfest braten. Mungosprossen und Erdnüsse dazugeben und mit Salz und den Gewürzen abschmecken. Abkühlen lassen.
3. Eine flache Schale, etwas größer als die Reispapierblätter, mit Wasser füllen. Daneben ein Küchentuch ausbreiten und ein zweites Tuch bereitlegen. Die Blätter einzeln in das Wasser tauchen und etwa 1 Minute einweichen. Dann vorsichtig auf dem Tuch ausbreiten und mit dem zweiten Tuch trockentupfen.
4. Das weiche Reisblatt mit einem Salatblatt belegen und darauf das abgekühlte Gemüse geben. Wie im Grundrezept beschrieben aufrollen. Die weiteren Reisblätter auf die gleiche Weise füllen.
Sofort in Sojasauce oder eine würzige Vinaigrette tauchen und genießen.

Pro Person:
Kalorien (kcal) 170
Eiweiß (g) 5
Fett (g) 10
Kohlenhydrate (g) 13

WAN TAN MIT KRABBENFÜLLUNG

Die Chinesen essen sie nicht nur gemütlich daheim, sondern auch mal schnell auf der Straße in kleinen Garküchen: Wan Tan. Ob diese gefüllten Nudelsäckchen nun in Brühe liegen, pur mit Sojasauce serviert werden oder gebraten sind – ihre Form ist stets gleich: Der Koch setzt eine Fleisch-, Fisch- oder Gemüsefüllung in die Mitte des runden Teigblattes und drückt es oben lose zusammen. Die Nudelblätter kann man fertig kaufen – auch bei uns in Asiengeschäften.

Für 4 Personen
Zubereitungszeit: 45 Minuten
Ruhezeit des Teiges: 2 Stunden

Für den Teig:
100 g Mehl
6 bis 8 EL Wasser
Salz
(oder fertig gekaufte Wan Tan-Teighüllen)

Für die Füllung:
100 g Hähnchenbrustfleisch
100 g Tiefkühl-Spinat
1 EL Erdnußöl
100 g Krabben ohne Schale
3 EL Kokosmilch
1/2 TL gemahlenes Zitronengras oder abgeriebene Schale von 1/2 Zitrone
2 EL Sojasauce
frisch gemahlener Pfeffer

1. Den Teig, wie im Grundrezept für Frühlingsrollen auf Seite 115 beschrieben, zubereiten und kalt stellen.
2. Währenddessen die Hähnchenbrust in kleine Würfel schneiden und den aufgetauten Spinat grob hacken.
3. Das Öl in einem Wok oder einer hochwandigen Pfanne erhitzen und erst das Fleisch, dann die Krabben und zum Schluß den Spinat unter Rühren darin anbraten. Mit Kokosmilch aufgießen und mit Zitronengras oder -schale, Sojasauce, Salz und Pfeffer würzen. Die Mischung abkühlen lassen.
4. Den Teig auf einer bemehlten Arbeitsfläche sehr dünn ausrollen und 12 Kreise mit einem Durchmesser von 10 cm ausstechen. Mit einem Teelöffel jeweils etwas von der Füllung in die Mitte setzen und oben wie ein Säckchen zusammendrücken.
5. Die Teigtäschchen nebeneinander in einen Bambusdämpfkorb oder auf ein Lochsieb setzen und in einen Topf mit wenig Wasser stellen. Zugedeckt 4 bis 5 Minuten gar dämpfen. Auf vorgewärmte Teller geben und mit würzigen asiatischen Saucen servieren.

Pro Person:
Kalorien (kcal) 165
Eiweiß (g) 14
Fett (g) 3
Kohlenhydrate (g) 18

REISBÄLLCHEN »SIZILIANISCHE ART«

Die goldgelben Reiskugeln sehen kleinen Orangen sehr ähnlich, vor allem, wenn man ein frisches Lorbeerblatt hineinsteckt. In Sizilien nennt man sie daher liebevoll »arancini«. Gefüllt werden sie meist mit Resten von Geflügelfleisch, aber auch mit gebratener Leber, Pilzen oder Gemüse.

Für 12 Personen
Zubereitungszeit:
1 Stunde 30 Minuten

100 g Hähnchenfleisch
1 kleine Zwiebel
1 Stange Staudensellerie
6 frische oder 4 getrocknete
Salbeiblätter
300 g gehacktes Rindfleisch
1/4 TL Oregano
1/8 l Olivenöl
Salz
frisch gemahlener Pfeffer
150 g gekochte junge Erbsen
500 g Rundkornreis,
am besten Arborio-Reis
150 g frisch geriebener
Parmesan
4 Eier
2 EL Mehl
ca. 100 g Paniermehl
Öl zum Ausbacken

1. Das Geflügelfleisch in kleine Stücke schneiden. Die Zwiebel schälen und in feine Würfel, den Staudensellerie in feine Scheiben schneiden. Die Salbeiblätter fein hacken oder zerreiben.

2. Alle Zutaten zusammen mit dem Rinderhack und dem Oregano in einen Schmortopf geben. Mit Olivenöl übergießen und unter Rühren anbraten. Mit Salz und Pfeffer würzen und bei schwacher Hitze 1 Stunde schmoren.
Zwischendurch immer wieder mit einem Holzlöffel umrühren, damit das Fleisch nicht ansetzt. Erbsen untermischen.

3. Während die Füllung gart, den Reis in reichlich Salzwasser in etwa 15 Minuten körnig weich kochen. Auf einem Sieb gut abtropfen lassen und in eine Schüssel geben. Parmesan und 2 Eier darunterrühren und vollständig erkalten lassen.

4. Mit einem kleinen Löffel Reis abstechen und in die leicht angefeuchtete Hand nehmen. Eine Vertiefung hineindrücken und etwas von der abgekühlten Fleischfüllung hineingeben.
Mit einem zweiten Löffel Reis bedecken, fest andrücken und zu einer Kugel formen.

5. Die Reisbällchen zuerst in Mehl, dann in den restlichen verquirlten Eiern und zum Schluß in Paniermehl wenden.

6. Das Ausbackfett auf 180° C erhitzen und die Bällchen darin portionsweise goldbraun ausbacken. Auf Küchenpapier entfetten und heiß servieren.

Pro Person:
Kalorien (kcal) 430
Eiweiß (g) 19
Fett (g) 20
Kohlenhydrate (g) 41

REISBÄLLCHEN MIT GARNELEN GEFÜLLT

Etwas weiter nördlich, in der Gegend um Rom, kennt man eine andere, sehr schmackhafte Version der Reisbällchen – mit Schinken und Mozzarella gefüllt. Garnelen als Füllung sind zwar nicht so typisch für diese Region, schmecken aber phantastisch. Versuchen Sie es doch mal!

Für 6 Personen
Zubereitungszeit: 1 Stunde

400 ml Fischfond
3 EL Tomatenstücke
20 g Butter
250 g Rundkornreis, am besten Arborio-Reis
1 Ei
60 g frisch geriebener Parmesan
Salz
frisch gemahlener Pfeffer
12 rohe kleine Garnelen
2 EL Olivenöl
100 g Mozzarella
2 EL feingeschnittene Basilikumblätter
ca. 80 g Paniermehl
Öl zum Ausbacken

1. Fischfond, Tomatenstücke und Butter zum Kochen bringen. Den Reis hineinstreuen und bei schwacher Hitze etwa 15 Minuten ausquellen lassen, dabei gelegentlich umrühren, damit der Reis nicht ansetzt.
2. Den Reis in eine Schüssel schütten und ein wenig abkühlen lassen. Dann das Ei und den Parmesan unterrühren. Mit Salz und Pfeffer würzen.
3. Von den Garnelen die Köpfe abtrennen, die Schalen am Rücken aufschneiden und den Darm entfernen. Das Öl in einer Pfanne erhitzen und die Garnelen darin kurz anbraten. Herausnehmen und, etwas abgekühlt, aus den Schalen lösen.
4. Mozzarella in sehr kleine Würfel schneiden und mit Basilikum vermischen.
5. Mit einem kleinen Löffel etwas vom Reis abstechen, in die angefeuchtete Hand geben und eine Vertiefung hineindrücken. Ein wenig Mozzarellamischung und eine Garnele hineingeben und mit einem zweiten Löffel Reis bedecken. Gut festdrücken, zu kleinen Kugeln formen und in Paniermehl wenden.
6. Das Ausbackfett auf 180° C erhitzen und die Reisbällchen darin portionsweise goldgelb und knusprig backen.
Auf Küchenpapier entfetten und sofort servieren.

Pro Person:
Kalorien (kcal) 320
Eiweiß (g) 17
Fett (g) 9
Kohlenhydrate (g) 41

EMPANADAS MIT GEMÜSE-SCHAFSKÄSE-FÜLLUNG

Ob in heißem Fett oder im Backofen gebacken – von Teigtaschen gibt es in fast jedem Land ein Spezialrezept. In Rußland sind es Piroggen, in der Türkei Böreks, in England Cornish pasties und in Spanien und Brasilien Empanadas, um nur einige zu nennen. Es ist immer das gleiche Prinzip, obwohl die Täschchen in Form und Füllung sehr unterschiedlich ausfallen. Am Beispiel der Empanadas mit Gemüse-Schafskäse-Füllung sehen Sie, wie man's macht. Auf der nächsten Seite erfahren Sie, welch vielfältige Arten von Füllungen es gibt.

Für 12 Personen
Zubereitungszeit: 1 Stunde
Ruhezeit des Teiges: einige Stunden

Für den Teig:
- 250 g Mehl
- Salz
- 2 Eigelb
- 2 EL warme Milch
- 10 g Hefe
- 1 Prise Zucker
- 200 g Butter

Für die Füllung:
- 2 Zwiebeln
- 3 Knoblauchzehen
- 1 kleine rote Paprikaschote
- 1 kleiner Zucchino
- 3 Tomaten
- 3 EL Olivenöl
- 1/2 TL frische Thymianblätter
- Salz
- 100 g harter spanischer Schafskäse
- frisch gemahlener Pfeffer
- 2 Eigelb

1. Das Mehl mit dem Salz auf eine Arbeitsplatte häufen, in die Mitte eine Vertiefung drücken. Eigelb und die mit Milch und Zucker verrührte Hefe hineingeben. Die Butter in Flöckchen auf dem Rand verteilen. Mit einem Messer erst alles bröselig hacken, dann rasch mit den Händen von außen nach innen zu einem glatten Teig verkneten. Mit Folie umhüllt für mindestens 2 bis 3 Stunden, noch besser über Nacht, kühl stellen.
2. Zwiebeln und Knoblauchzehen schälen. Die Paprikaschote waschen, halbieren, entkernen und den Zucchino waschen. Das Gemüse in sehr kleine Würfel schneiden. Die Tomaten blanchieren, häuten, halbieren, entkernen und ebenfalls kleinschneiden.
3. Das Öl in einer Pfanne erhitzen, Zwiebeln und Knoblauch darin glasig braten. Das restliche Gemüse bis auf die Tomaten hineingeben, mit Thymian würzen und bei starker Hitze unter Rühren anbraten. Die Tomaten dazugeben, salzen und einige Minuten sämig einkochen lassen.
4. Den Backofen auf 200° C vorheizen.
5. Die Gemüsemischung in eine Schüssel geben, den geriebenen Käse und 1 Eigelb unterrühren. Mit Salz und Pfeffer kräftig würzen.
6. Den kalten Hefeteig etwa 3 mm dick ausrollen und beliebig ausstechen. Die Füllung in die Mitte geben, den Teig zusammenklappen und die Ränder gut festdrücken. Mit dem restlichen, verquirlten Eigelb bestreichen und in etwa 15 Minuten goldbraun backen.

Pro Person:
Kalorien (kcal) 280
Eiweiß (g) 6
Fett (g) 20
Kohlenhydrate (g) 19

Teig zubereiten
In das Mehl eine Vertiefung drücken, salzen und die Milch-Hefe-Mischung hineingießen. Butterflöckchen darüberstreuen und alles mit einem großen Messer bröselig hacken. Dann mit den Händen zu einem glatten Teig verkneten.

Füllung vorbereiten
Das Gemüse putzen und in sehr kleine Würfel schneiden. Im Öl anbraten, die Tomatenstücke dazugeben und unter Rühren bei starker Hitze sämig einkochen. Von der Kochstelle nehmen und mit Käse und Eigelb verrühren.

Teig ausrollen
Den gut gekühlten Hefeteig mit einem Nudelholz etwa 3 mm dick ausrollen und entweder Kreise ausstechen oder die Teigplatte in gleich große Quadrate teilen.

Teigplätzchen füllen
Die abgekühlte Füllung jeweils in die Mitte geben und die Kreise halbmondförmig oder die Quadrate zu Dreiecken zusammenklappen.

Teigränder festdrücken
Die Ränder mit Zeige- und Mittelfinger gut zusammendrücken. Eigelb mit Wasser verquirlen und die Täschchen damit bestreichen. Im heißen Backofen auf mittlerer Schiene goldbraun backen.

GEFÜLLTE TEIGTASCHEN

Anknabbern und sich überraschen lassen – etwas anderes bleibt Ihren Gästen gar nicht übrig. Woher sollten sie auch wissen, was alles in den Knusper-Täschchen steckt? Vom bloßen Hinsehen kann man vielleicht nicht einmal erkennen, welchen Teig Sie gewählt haben: Ist es der kalte Hefeteig aus dem Grundrezept oder ein normaler Hefeteig? Besteht das Täschchen aus Quarkölteig, Mürbe- oder Blätterteig? Möglich ist jede Hülle, die beim Backen knusprig gerät. Blätterteig allerdings soll nicht fritiert, sondern in den Ofen geschoben werden.

Für die angegebenen Füllungen brauchen Sie 450 g tiefgekühlte Teigplatten. Die Zutaten reichen für ca. 12 Personen. Zubereitungszeit: ca. 1 Stunde

(Abbildungen in der Rezeptreihenfolge jeweils von links nach rechts)

Auberginenfüllung
1 große Aubergine im Backofen so lange backen, bis die Haut fast verkohlt ist. Die Haut abziehen und das Fruchtfleisch mit einer Gabel fein zerdrücken. 1 Zwiebel und 2 Knoblauchzehen in kleine Würfel schneiden, in 1 EL Olivenöl glasig braten, mit dem Auberginenmus und 4 EL frischen Tomatenwürfeln vermischen. 100 g geriebenen Feta-Käse hinzufügen und mit Salz, Pfeffer, Thymian und Zitronensaft herzhaft abschmecken.

Lammfüllung
250 g gehacktes Lammfleisch mit 1 Ei und1 EL glasig gebratenen Zwiebelwürfeln verkneten. Mit Salz, Pfeffer, etwas gemahlenem Zimt und Piment würzen und 2 EL Korinthen sowie 2 EL geröstete Pinienkerne untermischen.

Bratwurstfüllung
Ca. 400 g gut gewürztes, rohes Bratwurstbrät in die Teigtaschen füllen.

Cornedbeeffüllung
1 große gekochte Kartoffel und 1 Zwiebel in sehr kleine Würfel schneiden. 250 g Corned beef mit einer Gabel fein zerdrücken und unter die Kartoffel-Zwiebel-Mischung rühren. 3 bis 4 EL Fleischbrühe und 1 TL Essig dazugießen, mit Salz, Pfeffer und Curry würzen und alles gründlich vermischen.

Geflügelfüllung
200 g Hähnchenbrustfleisch, 100 g gekochten Schinken und 100 g durchwachsenen Räucherspeck in kleine Würfel schneiden. 2 EL Schalottenwürfel in Butter glasig braten, die Fleisch-Schinken-Mischung dazugeben und mit anbraten. Von der Kochstelle nehmen und etwas abkühlen lassen. Dann 2 EL gehackte Petersilie und 1 Ei unterrühren und mit Salz und Pfeffer herzhaft würzen.

Kohlfüllung
400 g Weißkohl oder Wirsing in feine Streifen hobeln. 100 g durchwachsenen Räucherspeck in kleine Würfel schneiden und in 30 g Schweineschmalz anbraten. Den Kohl und 1 EL Kümmel dazugeben und unter Rühren bei schwacher Hitze weichschmoren. 4 EL saure Sahne untermischen und so lange kochen lassen, bis die Flüssigkeit verdampft ist. Mit Salz und Pfeffer würzen und abkühlen lassen.

Pilzfüllung
400 g Austernpilze putzen und kleinhacken. 50 g durchwachsenen Räucherspeck in kleine Würfel schneiden und mit 1 EL Zwiebelwürfeln in 2 EL Öl glasig braten. Die Pilze dazugeben und anbraten. Mit 1/8 l Sahne aufgießen, salzen, pfeffern und so lange bei starker Hitze kochen lassen, bis die Flüssigkeit verdampft ist. 1 EL gehackte Petersilie und 80 g geriebenen Hartkäse untermischen.

Sprossenfüllung
1 Bund Frühlingszwiebeln putzen und in feine Scheiben schneiden. 250 g Chinakohl in feine Streifen schneiden und beides in 3 EL Sesamöl anbraten. 1 TL frisch geraspelte Ingwerwurzel und 100 g Mungosprossen dazugeben und mit 2 cl Fino-Sherry aufgießen. Bei starker Hitze so lange kochen, bis die Flüssigkeit verdampft ist. Die Sprossenmischung mit Salz, Pfeffer und etwas Sojasauce würzen.

Die Teigtäschchen sind mit fertiggekauftem Blätterteig zwar am schnellsten zubereitet. Es lohnt sich aber, den Teig auch einmal selbst zuzubereiten:

Mürbeteig

250 g Mehl
1/2 TL Salz
125 g eiskalte Butter,
in Flöckchen geschnitten
4 bis 5 EL eiskaltes Wasser

1. Mehl und Salz vermischen, die Butter darüber verteilen und mit einem großen, breiten Messer zerhacken.
2. Das Wasser dazugeben und mit den Händen rasch zu einem glatten Teig kneten. Vor dem Weiterverarbeiten mindestens 30 Minuten kalt stellen.

Quarkölteig

200 g Speisequark
1 Ei
4 EL geschmacksneutrales Öl
250 g Mehl
1 1/2 TL Backpulver
1/2 TL Salz

1. Quark, Ei und Öl miteinander gut verrühren.
2. Mehl, Backpulver und Salz vermischen und nach und nach unterrühren. Zu einem glatten Teig verkneten. Vor dem Weiterverarbeiten 30 Minuten ruhen lassen.

BLINI MIT SAUERRAHM UND KAVIAR

Aus Rußland kommen die köstlichen kleinen Pfannkuchen aus Buchweizenmehl, die ihren Geschmack erst voll entfalten, wenn der Teig vor dem Backen einige Stunden geruht hat. Nach russischer Tradition wird dazu Wodka getrunken – mit einem Glas Champagner schmeckt's aber auch!

Für 8 Personen
Zubereitungszeit: 25 Minuten
Ruhezeit des Teiges: einige Stunden

Für den Teig:
150 g Buchweizenmehl
50 g Weizenmehl
Salz
10 g Hefe
1/8 l warme Milch
1/8 l Sahne
2 EL flüssige Butter
3 Eigelb
3 Eiweiß

Zum Ausbacken:
2 EL Öl
40 g Butter

Für den Belag:
1/4 l Sauerrahm
80 g Kaviar

1. Buchweizenmehl, Weizenmehl und etwas Salz in einer Schüssel vermischen.
2. Die Hefe in der warmen Milch auflösen und unter das Mehl rühren. Sahne, flüssige Butter und die Eigelb dazugeben und zu einem glatten Teig verrühren. Zugedeckt einige Stunden, am besten über Nacht, stehen lassen.
3. Vor dem Ausbacken das Eiweiß zu steifem Schnee schlagen und gleichmäßig unter den Teig ziehen.
4. Etwas Öl und Butter erhitzen, mit einem Eßlöffel kleine Teigplätzchen in das heiße Fett setzen und von beiden Seiten goldbraun backen. So fortfahren, bis der Teig aufgebraucht ist.
5. Auf jedes Plätzchen etwas Sauerrahm geben und darauf russischen, Keta- oder Forellen-Kaviar häufen. Sofort servieren.

Pro Person:
Kalorien (kcal) 530
Eiweiß (g) 14
Fett (g) 31
Kohlenhydrate (g) 44

Blini kann man sehr gut einfrieren und bei Bedarf im heißen Ofen aufbacken.

KARTOFFELPUFFER MIT LACHS

Für 4 Personen
Zubereitungszeit: 20 Minuten

400 g vorwiegend
festkochende Kartoffeln
1 Eigelb
1 EL gehackte Petersilie
Salz
Öl zum Ausbacken
100 g Crème fraîche
80 g Räucherlachs
1 Dillzweig

1. Kartoffeln schälen, waschen und grob raspeln. Mit Eigelb und Petersilie verrühren und salzen.
2. Das Öl erhitzen und 8 kleine Plätzchen darin von beiden Seiten goldbraun ausbacken.
3. Auf jeden Kartoffelpuffer ein wenig Crème fraîche geben und mit dem in Streifen geschnittenen Räucherlachs belegen. Mit Dill garnieren und sofort genießen.

Pro Person:
Kalorien (kcal) 210
Eiweiß (g) 7
Fett (g) 12
Kohlenhydrate (g) 16

GRÜNKERNPLÄTZCHEN MIT GORGONZOLACREME

Für 4 Personen
Zubereitungszeit: 20 Minuten

100 g weichgekochte
Grünkernkörner
1 gehackte Schalotte
1 EL gehackte Frühlingskräuter
2 Eigelb
1 bis 2 EL Paniermehl
Salz
Öl zum Ausbacken
50 g Gorgonzola
100 g Mascarpone
1 TL Grappa
1 Kästchen Kresse

1. Grünkern, Schalotte, Kräuter, Eigelb, Paniermehl und Salz zu einer geschmeidigen Masse verrühren.
2. Das Öl erhitzen und 4 kleine Plätzchen darin von beiden Seiten goldbraun braten.
3. Gorgonzola und Mascarpone im Mixer pürieren und mit Grappa abschmecken. Die Creme auf die Plätzchen häufen und mit Kresse garnieren.

Pro Person:
Kalorien (kcal) 275
Eiweiß (g) 11
Fett (g) 16
Kohlenhydrate (g) 19

MEXIKANISCHE TORTILLAS

Ihr heißblütiges Temperament scheinen Mexikaner auch in Tortillas zu stecken. Die dünnen Mais-Fladenbrote schmecken pur zwar ganz sanft, aber die Füllungen sprühen meist Feuer. Dafür sorgen Chilischoten und Knoblauch. Die folgenden Rezepte jedoch berücksichtigen unseren empfindlichen Gaumen, und auch die Schwierigkeit, Maismehl zu bekommen. Kaufen Sie fertige Tortilla-Fladen in Feinkostgeschäften.

Die angegebenen Füllungen reichen jeweils für 4 Tortillas. Zubereitungszeit: kaum länger als 20 Minuten

Grundrezept:

- 4 Tortillas, fertig gekauft
- Füllung nach Wahl
- 100 g geriebener Käse

1. Die gekauften Tortillas nacheinander ohne Fettzugabe in einer gußeisernen Pfanne erhitzen.

2. Die Tortillas sofort belegen, zu einem Halbkreis zusammenklappen und servieren.

3. Besonders gut schmecken die Tortillas, wenn man sie zuerst mit Käse bestreut. Dann zusammenklappen und in der Pfanne erhitzen. Wenn die Tortillas heiß sind, aufklappen und würzig füllen. Zusammenklappen und servieren.

Vorbereiten der Tortillas
Jeweils eine fertig gekaufte Tortilla ohne Fettzugabe in eine gußeiserne Pfanne legen, mit 25 g geriebenem Käse bestreuen und zu einem Halbkreis zusammenklappen.

Tortilla füllen
Die Tortilla von beiden Seiten knusprig braun braten, herausnehmen, aufklappen und beliebig füllen. Wieder zusammenklappen und reinbeißen!

Tortillas mit Schafskäse und Oliven
(links oben)
150 g Feta-Käse in kleine Würfel schneiden. 2 Tomaten waschen und in Achtel schneiden. 1/2 Salatgurke und 2 kleine Zwiebeln schälen und in feine Scheiben schneiden. Mit 8 entkernten, halbierten schwarzen Oliven vermischen.
Die 4 Tortillas mit 80 bis 100 g geriebenem Hartkäse bestreuen und erhitzen.
Die mit Käse gebackenen Tortillas aufklappen und mit der Mischung füllen. Mit Salz, Pfeffer und Chilisauce würzen.

Tortillas mit Salsa picante
(links unten)
3 Fleischtomaten enthäuten, entkernen und das Fruchtfleisch in kleine Würfel schneiden. 2 große Zwiebeln und 3 Knoblauchzehen schälen und in feine Würfel schneiden. 2 grüne Chilischoten sehr fein hacken und alles miteinander vermischen.
Mit Salz, Pfeffer und 1 EL gehacktem Koriandergrün würzen und für mindestens 1 Stunde kühl stellen.
4 Eier verquirlen und in 20 g heißer Butter zu Rührei braten. In die vorbereiteten erhitzten Tortillas füllen und die Salsa picante darüber verteilen.

Tortillas mit Avocados
(rechts oben)
2 vollreife Avocados halbieren, entkernen und das Fruchtfleisch in Würfel schneiden.
4 Frühlingszwiebeln putzen und in Scheiben schneiden, 8 Cocktailtomaten waschen und vierteln. 2 Knoblauchzehen schälen und hacken. Alles miteinander vermischen und mit Salz und Pfeffer würzen.
Die mit Käse gebackenen Tortillas aufklappen, mit je 1 Salatblatt belegen, die Avocadomischung darauf verteilen und die Tortillas zusammenklappen. Nach Belieben Chilisauce oder Salsa picante darüberträufeln.

Tortillas mit Spinat
(rechts unten)
250 g frischen Spinat verlesen und waschen. 1 Zwiebel und 2 Knoblauchzehen schälen und in feine Würfel schneiden.
50 g durchwachsenen Räucherspeck in Würfel schneiden. Zwiebel-, Knoblauch- und Speckwürfel in 1 EL Öl glasig braten, den Spinat hinzugeben und unter Rühren bei starker Hitze so lange kochen lassen, bis die Flüssigkeit verdampft ist. Mit Salz und frisch gemahlenem Pfeffer würzen.
Jede Tortilla mit 50 g Käse bestreut backen, aufklappen und mit Spinat füllen.

SPANISCHE TORTILLAS

Was haben die spanische und die mexikanische Tortilla gemein? Sie stehen in ihrer Heimat auf jeder Speisekarte. Ansonsten unterscheiden sich die beiden Nationalgerichte völlig: Die spanische Tortilla ist kein gefüllter Brotfladen, sondern eine Eierspeise, eine Art Omelett, in das alles hinein darf, was Phantasie und Vorrat erlauben: Kartoffeln, Gemüse, Fleisch oder Fisch werden in der Pfanne mit verquirlten Eiern übergossen. Wenn alles gestockt ist, gibt es die Tortilla in kleinen Häppchen zum Aperitif oder in Tortenstück-Größe als Vorspeise – lauwarm oder kalt.

ZUCCHINI-TORTILLA

Für 6 bis 8 Personen
Zubereitungszeit: 30 Minuten

- 4 kleine Zucchini
- 2 Zwiebeln
- 2 Knoblauchzehen
- 50 g Chorizo oder Salami
- 6 EL Olivenöl
- 1 TL gehackte frische Oreganoblätter
- 8 Eier
- Salz
- frisch gemahlener Pfeffer

1. Die Zucchini waschen und in feine Scheiben schneiden. Zwiebeln und Knoblauch schälen und in winzige Würfel, die Chorizo oder Salami in etwas größere Stücke schneiden.
2. 3 EL Olivenöl in einer großen Pfanne von 28 cm Durchmesser erhitzen und Zwiebel- und Knoblauchwürfel darin glasig braten. Die Wurst und die Zucchinischeiben dazugeben, mit Oregano bestreuen und bei mittlerer Hitze etwa 4 bis 6 Minuten anbraten.
3. Die Eier in einer großen Schüssel verquirlen, salzen, pfeffern und die gebratenen Zucchini untermischen.
4. 2 EL Öl in der Pfanne erhitzen, die Zucchinimischung hineingeben und zugedeckt bei schwacher Hitze in etwa 5 Minuten stocken lassen.
5. Das Omelett mit Hilfe eines Deckels oder eines Tellers wenden. Das restliche Öl in die Pfanne gießen und auch die zweite Seite goldgelb braten.
6. Abgekühlt in kleine, mundgerechte Stücke schneiden.

Pro Person:
Kalorien (kcal) 270
Eiweiß (g) 13
Fett (g) 21
Kohlenhydrate (g) 4

Chorizo ist eine typisch spanische Wurst, aus Schweinefleisch hergestellt, meist scharf mit Knoblauch und Paprika gewürzt und luftgetrocknet.

PILZ-TORTILLA

Für 6 bis 8 Personen
Zubereitungszeit: 30 Minuten

- 500 g Egerlinge,
- ersatzweise Champignons
- 1 große Zwiebel
- 2 Knoblauchzehen
- 6 EL Öl
- Salz
- frisch gemahlener Pfeffer
- 1 Bund glatte Petersilie
- 8 Eier

1. Die Pilze putzen und in Scheiben schneiden. Zwiebel und Knoblauch schälen, in kleine Würfel schneiden und in 3 EL Öl glasig braten.
2. Die Pilze dazugeben und so lange braten, bis die Flüssigkeit verdampft ist. Dann auf die gleiche Weise wie die Zucchini-Tortilla weiter zubereiten.

Pro Person:
Kalorien (kcal) 215
Eiweiß (g) 12
Fett (g) 17
Kohlenhydrate (g) 1

KARTOFFEL-OLIVEN-TORTILLA

Für 6 bis 8 Personen
Zubereitungszeit: 30 Minuten

- 600 g vorwiegend
- festkochende Kartoffeln
- 1 Zwiebel
- 3 Knoblauchzehen
- 6 EL Olivenöl
- Salz
- frisch gemahlener Pfeffer
- 1/2 TL frische Thymianblätter
- 100 g mit Paprika
- gefüllte Oliven
- 8 Eier

1. Die Kartoffeln schälen, waschen und in dünne Scheiben schneiden. Zwiebel und Knoblauch schälen und in kleine Würfel schneiden.
2. 3 EL Öl erhitzen, Zwiebel und Knoblauch glasig braten, dann die Kartoffeln hinzufügen, mit Thymian bestreuen und unter Umrühren gar braten. Die in Scheiben geschnittenen Oliven dazugeben und wie die Zucchini-Tortilla weiter zubereiten.

Pro Person:
Kalorien (kcal) 300
Eiweiß (g) 12
Fett (g) 19
Kohlenhydrate (g) 17

ZWILLING J.A.HENCKELS
SOLINGEN GERMANY

LAUCHQUICHE

Wer denkt bei dem Wort Quiche nicht an Frankreich, insbesondere natürlich an die Lothringer Specktorte Quiche Lorraine! Aber auch in vielen anderen europäischen Ländern kennt man salzige Mürbeteigtorten, gefüllt mit Gemüse, Schinken oder Meeresfrüchten, die mit einer Eiermilch zusammengehalten werden. In der Schweiz sind es die Wähen, in England die Pies und in Deutschland ist der bekannteste Vertreter dieser Gebäckgattung wohl der Zwiebelkuchen.
Eine wirklich ganz besondere Vorspeise ist diese Lauchtorte mit Lachs, die lauwarm am besten schmeckt.

Für 6 Personen
Zubereitungszeit:
1 Stunde 10 Minuten

300 g Tiefkühl-Blätterteig
Für die Füllung:
2 große Stangen Lauch
40 g Butter
Salz
gemahlener weißer Pfeffer
frisch geriebene Muskatnuß
4 cl trockener Wermut
(z. B. Noilly Prat)
150 g Räucherlachs
1/2 Bund Dill
1/4 l Sahne
3 Eier

1. Die Blätterteigplatten nebeneinandergelegt auftauen lassen.
2. Von den Lauchstangen die Wurzeln und die grünen Enden abschneiden. Die Stangen in feine Scheiben schneiden und in kaltem Wasser gründlich waschen. Auf einem Durchschlag abtropfen lassen.
3. Die Butter in einer großen Pfanne erhitzen und das Gemüse darin unter Rühren andünsten. Mit Salz, Pfeffer und Muskat würzen und mit Wermut aufgießen. Bei starker Hitze kochen, bis die Flüssigkeit verdampft ist. Von der Kochstelle nehmen und abkühlen lassen.
4. Den Backofen auf 200° C vorheizen.
5. Räucherlachs in kleine Würfel schneiden, den Dill fein hacken.
6. Die Blätterteigplatten mit etwas Wasser bepinseln, übereinanderlegen und zu einer runden Platte von 30 cm Durchmesser ausrollen. Eine Springform von 24 cm Durchmesser mit kaltem Wasser ausspülen und Boden und Rand mit dem Teig auskleiden.
7. Die Hälfte des Lauchs auf dem Boden verteilen, die Lachswürfel darauf geben, mit Dill bestreuen und mit dem restlichen Lauch bedecken.
8. Sahne und Eier gründlich verquirlen, mit Salz, Pfeffer und Muskat würzen und gleichmäßig darübergießen.
9. Die Quiche auf der mittleren Schiene 30 bis 40 Minuten backen. Vor dem Anschneiden noch mindestens 15 Minuten ruhen lassen.

Pro Person:
Kalorien (kcal) 525
Eiweiß (g) 13
Fett (g) 42
Kohlenhydrate (g) 19

Lauch vorbereiten
Die Wurzeln und das harte grüne Ende von den Lauchstangen entfernen. Die Stangen in feine Scheiben schneiden und in reichlich kaltem Wasser gründlich waschen, damit alle Sandteilchen herausgespült werden.

Lauch garen
Den Lauch in der erhitzten Butter unter Rühren andünsten. Würzen, mit Wermut aufgießen und bei starker Hitze so lange kochen, bis die Flüssigkeit verdampft ist. Der Lauch soll noch bißfest sein.

Blätterteig ausrollen
Die Blätterteigplatten mit wenig Wasser, am besten mit einem Pinsel, befeuchten. Übereinanderlegen und mit einem Nudelholz zu einer runden Platte von 30 cm Durchmesser ausrollen.

Form auskleiden
Die Teigplatte um das Nudelholz rollen, über der Springform wieder abrollen und den Boden sowie einen Teil des Randes damit auskleiden.

Torte füllen
Die Hälfte des Gemüses auf dem Boden verteilen, Räucherlachswürfel und Dill darüberstreuen und mit Gemüse bedecken. Die Eiermilch darübergießen, so daß der Lauch völlig bedeckt ist.

QUICHES, TARTES UND TÖRTCHEN

Nach der im Grundrezept gezeigten Methode ist es nun Ihrer Phantasie überlassen, welche Köstlichkeiten, mit Eiersahne umhüllt, in delikate Quiches oder feine Törtchen verwandelt werden.
Zur Einstimmung einige Anregungen: Grundlage ist immer Tiefkühl-Blätterteig.

Die Mengen gelten für eine Springform von 24 cm Durchmesser oder 6 Torteletttförmchen von 8 cm Durchmesser.
Zubereitungszeit:
ca. 60 Minuten
(davon Backzeit: ca. 30 bis 40 Minuten)
Für alle Variationen gilt:
Vor dem Anschneiden etwa 15 Minuten ruhen lassen.

1 Roquefortbelag
100 g Roquefort mit einer Gabel fein zerdrücken und 3 EL Crème fraîche sowie 2 Eier unterrühren. Mit frisch gemahlenem Pfeffer würzen.

2 Krabbenbelag
300 g ausgelöste Krabben mit 2 EL Tomatenwürfeln, 100 g in Würfel geschnittenem Mozzarella und 2 EL gehackten Kräutern vermischen und in die ausgekleidete Form geben. 1/8 l Milch, 2 EL Crème fraîche und 3 Eier verquirlen, würzen und darübergießen.

3 Speckbelag
Die ausgekleidete Form mit 150 g in Würfel geschnittenem durchwachsenen Räucherspeck belegen. 125 g Crème fraîche und 4 Eier verquirlen, mit Salz, Pfeffer und Muskat würzen und darübergießen.

4 Meeresfrüchtebelag
400 g gemischte, küchenfertige Meeresfrüchte mit Zitronensaft beträufeln, salzen, pfeffern und in die ausgekleidete Form legen. Mit 1 EL gehackter Petersilie bestreuen und mit einer Mischung aus 1/8 l Sahne und 3 Eiern begießen.

1

2

3

4

6

8

5 Spargelbelag
1 kg grünen Spargel schälen und in 50 g Butter und $^1/_8$ l Weißwein weichdünsten. Im Mixer pürieren und mit 4 Eiern und 4 EL Crème fraîche verrühren. 100 g Schinkenwürfel untermischen und mit Salz und Pfeffer herzhaft würzen.

6 Blumenkohl-Broccoli-Belag
300 g Blumenkohl und 300 g Broccoli in kleine Röschen zerteilen und in Salzwasser bißfest kochen. Abwechselnd in die ausgekleidete Form schichten. $^1/_4$ l Sahne, 4 Eier und 100 g geriebenen Gruyère verquirlen, mit Salz, Pfeffer und Muskat würzen und über das Gemüse verteilen.

7 Kräuterbelag
1 Bund gemischte Frühlingskräuter fein hacken. 3 EL Schalottenwürfel in 30 g Butter glasig braten. $^1/_8$ l Sahne, 125 g Crème fraîche und 100 g geriebenen Emmentaler verquirlen, Kräuter und Schalotten untermischen, salzen und pfeffern.

8 Sardellen-Oliven-Belag
10 Sardellenfilets und 10 schwarze, entkernte Oliven hacken und mit 100 g in kleine Würfel geschnittenem Feta-Käse vermischen. Mit Pfeffer und Thymian würzen und in die ausgekleidete Form geben. Mit einer Mischung aus $^1/_8$ l Sahne und 2 Eiern begießen. Mit 2 EL Pinienkernen bestreuen.

Die kleinen Törtchen eignen sich besonders gut zum Einfrieren. Daher am besten immer gleich die doppelte Menge zubereiten. Nach dem Backen abkühlen lassen und noch lauwarm, einzeln verpackt, in das Tiefkühlgerät geben. Sie können in wenigen Minuten im Backofen aufgebacken werden.

- Die kleinen Törtchen dürfen nie zu dunkel gebacken werden, da sie sonst leicht trocken werden.
- Quiches und vor allem die kleinen Törtchen mit Eiermischungen nie ganz voll füllen. Es muß immer ein kleiner Rand freibleiben, da diese Füllungen aufgehen und überlaufen würden.

POCHIERTE EIER

Pochierte Eier heißen auch verlorene Eier, weil sie einzeln in einer großen Menge Essigsud garziehen. Doch sind sie erst einmal gemeinsam mit Gemüse, Sauce oder Toast angerichtet, wirken sie keineswegs mehr verloren.
Selbst wenn das Ei äußerst vorsichtig ins Wasser gleitet, franst manchmal der Eiweißrand leicht aus. Wer auf perfektes Aussehen Wert legt, schneidet den Rand vor dem Servieren gerade.

Die angegebenen Zutaten reichen jeweils für 4 Personen.
Zubereitungszeit: ca. 20 bis 30 Minuten

Grundrezept:

- 1 l Wasser
- 1 EL Essig
- 4 kleine, frische Eier

1. Wasser und Essig zum Kochen bringen.
2. Nacheinander die einzeln aufgeschlagenen Eier in das Wasser gleiten und in 4 Minuten garziehen lassen.
3. Die pochierten Eier mit einem Schaumlöffel herausheben und entsprechend dem Rezept anrichten und sofort servieren.

Pro Person:
Kalorien (kcal) 530
Eiweiß (g) 10
Fett (g) 52
Kohlenhydrate (g) 1

Ei in das Wasser geben
Zuerst jedes Ei in eine Tasse oder eine Schöpfkelle schlagen, prüfen ob es frisch ist (der Dotter muß hochgewölbt und das Eiweiß straff sein), dann vorsichtig in das vorbereitete, nicht mehr kochende Essigwasser gleiten lassen.

Ei in Form bringen
Das Ei mit Hilfe eines Löffels in Form halten und 4 Minuten pochieren. Das Wasser darf dabei keinesfalls kochen. Mit einem Schaumlöffel herausheben und sofort servieren.

Eier auf Florentiner Art
(links oben)
400 g frische, junge Spinatblätter verlesen, putzen und waschen. 2 Minuten in kochendem Salzwasser blanchieren, abtropfen lassen.
Je 1 gehackte Knoblauchzehe und Schalotte in 20 g heißer Butter andünsten. Den Spinat dazugeben, mit Salz, Pfeffer und frisch geriebener Muskatnuß würzen. Den Spinat kranzförmig auf 4 vorgewärmten Tellern anrichten. Die pochierten Eier daraufgeben und mit Sauce hollandaise (siehe Seite 29) begießen. Sofort servieren.

Eier in Gelee
(links unten)
3 Blatt weiße Gelatine in kaltem Wasser einweichen. Von 1/4 l Geflügelfond die Hälfte erwärmen, die ausgedrückte Gelatine darin auflösen. Restlichen Geflügelfond, 2 EL Fino-Sherry und 1 TL Sherry-Essig dazugeben. Einen Geleespiegel in vier Tassen gießen (siehe Seite 27), im Kühlschrank erstarren lassen.
2 Tomaten häuten und in Würfel schneiden. Zusammen mit 8 kleinen Estragonblättern auf dem Gelee verteilen. Die abgekühlten pochierten Eier darauflegen, mit dem restlichen Gelee begießen und im Kühlschrank erstarren lassen (ca. 2 Stunden). Stürzen, mit Brunnenkresse garnieren und servieren.

Eier mit Krabben
(rechts oben)
10 g Butter zerlassen und 1 EL Schalottenwürfel darin glasig braten. 1 Msp. gemahlener Safran und einige Safranfäden darüberstäuben, 1 EL trockenen Wermut und 100 g Crème fraîche dazugeben und bei starker Hitze sämig einkochen. 50 g Krabben ohne Schale in die Sauce geben und über die pochierten Eier verteilen.

Eier mit Rotweinsauce
(rechts unten)
4 kleine, geschälte Zwiebeln in feine Scheiben schneiden und in 1 EL heißem Öl weichdünsten. 1 EL Schalottenwürfel und 1/8 l trockener Rotwein um die Hälfte einkochen. 20 g eiskalte Butter in kleinen Flöckchen mit dem Schneebesen unter die Weinmischung schlagen. Salzen und nicht mehr kochen lassen. Die Zwiebelringe auf 4 Teller verteilen, die pochierten Eier darauflegen und mit der Rotweinsauce begießen. Mit feingeschnittenem Schnittlauch bestreuen.

GEFÜLLTE EIER

Ein Ei gleicht dem anderen? Bloß nicht! Dazu gibt es zu viele köstliche Ideen, harte Eier zu füllen. Die Menge der folgenden Vorschläge können Sie ruhig halbieren und dafür zwei verschiedene Füllungen zubereiten. Das bringt mehr Abwechslung auf den Vorspeisenteller und mehr Spaß!

Für 4 Personen
Zubereitungszeit:
ca. 20 Minuten

Grundrezept:

- 4 hartgekochte Eier
- 2 EL Crème fraîche,
- Doppelrahmfrischkäse,
- Mayonnaise oder Quark
- Salz
- gemahlener weißer Pfeffer

1. Eier schälen, längs oder quer halbieren und die Dotter vorsichtig herauslösen.
2. Die Eigelb durch ein feines Sieb streichen, mit Crème fraîche, Frischkäse, Mayonnaise oder Quark verrühren und mit Salz und Pfeffer würzig abschmecken. Gewünschte Zutaten hinzufügen und kalt stellen.
3. Die Eimasse in einen Spritzsack mit großer Tülle füllen und in die ausgehöhlten Eihälften spritzen. Man kann die Masse auch mit einem Teelöffel einfüllen oder kleine, dottergroße Kugeln formen und in die Höhlung setzen.

Pro Person:
Kalorien (kcal) 120
Eiweiß (g) 7
Fett (g) 9
Kohlenhydrate (g) 0

1 Keta-Kaviar
30 g Keta-Kaviar unter die Eimasse mischen und mit 20 g Keta-Kaviar garnieren.

2 Beluga-Kaviar
Die Eimasse in die Höhlung spritzen und mit Beluga-Kaviar garnieren.

3 Nordsee-Krabben
50 g grobgehackte Nordsee-Krabben, 1 TL geschnittenen Dill und etwas Zitronensaft untermischen. Mit Krabben garnieren.

4 Sardellen
4 bis 6 in Öl eingelegte, feingehackte Sardellen und 1 EL kleine Kapern untermischen. Mit Sardellenstreifen und Kapern garnieren.

5 Thunfisch und Oliven
50 g fein pürierten Thunfisch untermischen und mit Scheiben von gefüllten Oliven garnieren.

6 Räucherlachs
50 g feingehackten Räucherlachs, etwas Zitronensaft und 1 TL feingeschnittenen Dill untermischen. Mit Kresse garnieren.

1

2

3

4

5

6

7

8

10

1

12

3

14

5

16

7 Räucherfisch
50 g Räucherfisch nach Wahl fein zerdrücken und unter die Eimasse mischen. Mit Scheiben von Schillerlocken und mit Petersilie garnieren.

8 Miesmuscheln
Die Eimasse mit 1 TL trockenem Wermut (Noilly Prat) und etwas Safran würzen. Die Masse in die Höhlung spritzen und mit je 1 ausgelösten Muschel belegen.

9 Roher Schinken
50 g feingehackten rohen Schinken und 1 EL feingeschnittenen Schnittlauch untermischen. Mit gekochten Spargelspitzen garnieren.

10 Gekochter Schinken
50 g feingehackten Kochschinken und 1 TL geriebenen Meerrettich untermischen. Mit Schnittlauch garnieren.

11 Geräucherte Zunge
50 g geräucherte, feingehackte Rinderzunge und 1 TL Madeira untermischen. Mit Schnittlauch bestreuen.

12 Gorgonzola
50 g Gorgonzola fein zerdrücken und mit 1 EL geschlagener Sahne unter die Eimasse mischen. Mit Tomatenstreifen garnieren.

13 Parmesan und Tomaten
1 EL frisch geriebenen Parmesan und 1 gehäutete, in Würfel geschnittene Tomate untermischen. Mit Basilikumblättern garnieren.

14 Kräuter
2 EL frisch gehackte Frühlingskräuter, 1 EL Schalottenwürfel und etwas Kräutersenf untermischen. Mit einem Kerbelzweig garnieren.

15 Broccoli
Die Eimasse mit Curry würzen und 1 EL geschlagene Sahne unterziehen. In die Höhlung füllen und mit kleinen gekochten Broccoliröschen garnieren.

16 Trüffel
Die Eimasse wie gewohnt zubereiten. 1 eingelegte, feingehackte schwarze Trüffel untermischen oder etwas frische Trüffel darüberhobeln.

Die Eier sollten zwar möglichst frisch, aber nicht legefrisch sein, denn Eier benötigen eine Reifezeit von 3 Tagen. Erst dann schmecken sie richtig aromatisch und lassen sich, was für diese Rezeptideen besonders wichtig ist, gut schälen!

ALPHABETISCHES REZEPTREGISTER

SACHREGISTER

FLEISCHGERICHTE

GERICHTE MIT BROT

SPEZIALITÄTEN

Pete A. und **Susi Eising** betreiben seit 1979 gemeinsam ein Fotostudio in München. Seit vielen Jahren haben sie sich auf das Gebiet Essen und Trinken spezialisiert und zählen heute zu den führenden Foodfotografen Deutschlands.

Monika Kellermann ist Ernährungsberaterin und arbeitet seit Jahren als freie Foodjournalistin und Buchautorin. Monika Kellermann lebt bei München.